产业供应链金融创新研究

戴军　著

延边大学出版社

图书在版编目（CIP）数据

产业供应链金融创新研究 / 戴军著. -- 延吉 : 延边大学出版社，2022.7
ISBN 978-7-230-03232-2

Ⅰ. ①产… Ⅱ. ①戴… Ⅲ. ①供应链管理－金融业务－研究－中国 Ⅳ. ①F252.2

中国版本图书馆CIP数据核字(2022)第136998号

产业供应链金融创新研究

著　　者：戴　军
责任编辑：孟祥鹏
封面设计：李金艳
出版发行：北京人文在线文化艺术有限公司
社　　址：吉林省延吉市公园路977号　　邮　　编：133002
网　　址：http://www.ydcbs.com　　E-mail：ydcbs@ydcbs.com
电　　话：0433-2732435　　传　　真：0433-2732434
印　　刷：三河市龙大印装有限公司
开　　本：710×1000　1/16
印　　张：12.25
字　　数：200 千字
版　　次：2023 年 1 月 第 1 版
印　　次：2023 年 1 月 第 1 次印刷
书　　号：ISBN 978-7-230-03232-2

定价：68.00元

前　言

当前，我国的经济正处于持续转型升级的阶段，供给侧结构性改革成为我国经济升级的重要突破口。在供给侧结构性改革中，金融端的改革无疑是重中之重。我国的制造业要从基础制造转向智能制造，除了要依靠高新技术推动，还需要依靠金融行业的支持。“产融结合，脱虚向实”已经成为我国产业经济发展的必然选择。

中小企业“融资难、融资贵”的问题是个世界性难题，供应链中信息的不对称会进一步加剧这一问题。无论是在发达国家，还是在发展中国家，解决中小企业“融资难、融资贵”的问题都被提到战略高度。很多国家都通过构建相应的政策扶持体系，来弥补由于市场机制存在缺陷而造成的问题，我国国内的金融改革，很大程度上也是在着力解决这一问题。

在这一特殊的时代背景下，供应链金融应产业发展需求而生，逐渐成为我国金融市场上一种重要的金融服务形式。在与不同产业深度融合的过程中，供应链金融开始逐渐向产业供应链金融模式转变，其体系更加复杂，覆盖范围也更为广泛。当前，产业供应链金融已经成为我国金融服务创新的重要手段，伴随着产业供应链金融业务实践的深入，越来越多新的供应链金融业务形式将会涌现出来，金融端的创新变革将会为我国供给侧结构性改革提供更大助力。

书稿对产业供应链金融服务的创新问题进行了系统的剖析，通过理论与实际相结合，为读者认识产业供应链金融提供了一把开门入室的钥匙，可为读者今后的学习方向提供借鉴和参考。

在撰写本书的过程中，笔者借鉴了许多前辈的研究成果，在此表示衷心的感谢。本书的研究一定还存在不足之处，恳请各位专家、学者提出宝贵意见和建议。

戴军

2022年6月

目　录

第一章　产业供应链金融概述

第一节　产业供应链金融的概念

从时间上来看，产业供应链金融是一种全新的金融服务形式，其与供应链金融一脉相承，却又有着明显的不同。在一系列新技术的加持之下，产业供应链金融必将发挥出其强大的功能和作用。

一、供应链

供应链又称“价值链”“供需链”，其概念最早在20世纪80年代被提出，并迅速在制造业管理中得到了普遍应用。而近几年来，供应链管理作为一种新的管理模式在几乎所有行业被使用，并产生了很好的示范效应。

目前供应链尚未形成统一的定义，很多学者从不同的角度给出了许多不同的定义。早期的观点认为供应链是制造企业中的一个内部过程，它主要是指一个企业内部不同部门之间的产供关系，即将采购的原材料和收到的零部件，通过生产和销售等过程传递到企业用户的过程。此时的供应链概念仅仅局限在企业的内部操作层上，只注重企业自身的资源利用。

现代意义上的供应链是更大范围、更为系统的概念，它不再仅仅是企业内部各个部门之间的关系，而是指从客户需求开始，贯通产品设计、原材料供应、产品生产、批发、零售等过程，把产品送到最终客户手上的各项业务活动，是在连接一个企业与该企业的上下游企业之间关系的网链结构。最近，供应链的概念更加注重围绕核心企业的网链关系展开，如核心企业与用户、用户的用户及一切后向的关系，核心企业与供应商、供应商的供应商乃至与一切前向的关系。

现代供应链的概念是从“扩大的生产”这一概念发展来的，它将企业的生产活动进行了前伸和后延。譬如，日本丰田公司的精益协作方式中就将供应商的活动视为生产活动的有机组成部分而加以控制和协调，这就是向前延伸。后延是指将生产活动延伸至产品的销售和服务阶段。因此，供应链就是通过计划、获得、存储、分销、服务等这样一些活动而在顾客和供应商之间形成的一种衔接，从而使企业能满足内外部顾客的需求。

供应链与市场学中销售渠道的概念既有联系也有区别。供应链包括产品到达顾客手中之前所有参与供应、生产、分配和销售的公司及企业，因此其定义涵盖了销售渠道的概念。供应链对上游的供应者（供应活动）、中间的生产者（制造活动）和运输商（储存运输活动），以及下游的消费者（分销活动）同样重视。

美国管理学家格雷厄姆·史蒂文斯（Graham C.Stevens）认为通过增值过程和分销渠道控制从供应商到用户的物流就是供应链，它开始于供应的源点，结束于消费的终点，哈里森（Terry P. Harrison）认为供应链是执行采购原材料，将采购原材料转换为中间产品和成品，并将成品销售给用户的功能网链。密歇根州立大学既强调供应链是一个过程，同时也认为供应链是一个对多公司“关系管理”的集成网链，它包含从原材料的采购到将产品和服务交付给最终消费者的全过程。我国国家标准《物流术语》（GB/T 18354—2006）对供应链的定义是：生产及流通过程中，围绕核心企业的核心产品或服务，由所涉及的原材料供应商、制造商、分销商、零售商直到最终用户等形成的网链结构。

从不同侧面，对供应链可有不同的理解。它是一条通过不同企业的制造、组装、分销、零售等过程将原材料转化成产品，并将产品交付给最终用户的物流链。在任何一个产业内部都存在链状结构。比如，在制造商的上游有供应商，二者形成原材料供应关系；在制造商的下游有经销商和最终用户，相互形成销售关系。它又是一条增值链，物料在供应链上因为加工、物流而增加价值。通过对供应链的管理可以实现价值的增值。比如，从投入原材料开始，经过加工、转化和消费者的购买行为，当中做出的所有增值活动都是由供应链上的各个企业完成的，增值过程中所产生的网络成为制造商的价值链。综上所述，供应链是指产品在生产和流通过程中所涉及的由原材料供应商、批发商、生产商、零售商以及最终消费者组成的供需网络，即由“物料获取—物料加工—将成品送到用户手中”这一过程所涉及的企业和企业部门组成的一个网络。也可说所谓供应链，就是围绕核心企业，通过控制信息流、物流、资金流，将供应商、制造商、分销商、零售商直到最终用户连成一个整体的功能网链结构。它是一个结构化的产业组织模式，包含了所有加盟的节点企业。供应链一般分为内部供应链和外部供应链。为了更形象地理解这一点，我们可以把供应链描绘成一棵枝叶茂盛的大树，在这棵树上，生产企业构成树根，独家代理商是主干，分销商是树枝和树梢，满树的绿叶红花是最终用户；在根与主干、枝与干的一个个节点中，蕴藏着一次次的流通，整体相通的脉络便是供应链信息管理系统平台。

二、供应链金融

供应链金融可从三个角度来进行描述，分别是供应链核心企业的角度、电子交易平台服务商的角度以及银行的角度。

①供应链核心企业的角度。供应链金融是一种在核心企业主导的企业生态圈中，对资金的可得性和成本进行系统性优化的过程。这种优化主要是通过在对供应链内的信息流进行归集、整合、打包和利用的过程中，嵌入成本分析、成本管理和各类融资手段实现的。

②电子交易平台服务商的角度。供应链金融是由提供融资的相关金融机构、核心企业以及将贸易双方和金融机构之间的信息有效连接起来的技术平台供应商合作开展的融资。其中技术平台的作用是实时提供供应链活动过程中能够触发融资的信息，如订单的签发、按进度的阶段性付款、供应商管理库的入库、存货变动、指定货代收据的传递、买方确认发票项下的付款责任等。

③银行的角度。从银行的角度来论述供应链金融的说法比较多。从银行业务拓展的角度来看，供应链金融是指银行通过审查整条供应链，基于对供应链管理程度和核心企业信用实力的掌握，对核心企业和上下游多个企业提供灵活运用的金融产品和服务的一种融资模式；从供应链融资功能的角度来看，供应链金融就是将资金流整合到供应链管理中来，既为供应链各个环节中的企业提供商业贸易资金服务，又为供应链弱势企业提供新型信贷融资服务的服务产品创新模式；从融资的功能指向角度来看，供应链金融是通过对供应链成员间的信息流、资金流、物流的有效整合，运用各种金融产品向供应链中所有企业（尤其是中小企业）所提供的组织、调节供应链运作过程中相关货币资金的运作，从而提高资金运行效率的一种新型融资模式。

笔者认为，供应链金融是指在分析供应链内部交易结构的基础上，运用自偿性贸易融资的一种信贷模型，并且引入核心企业、物流监管公司、资金流导引工具等新的风险控制手段，它能对供应链的不同节点提供封闭的授信支持及其他结算、理财等综合金融服务。供应链成员既包括企业上游的原材料供应商，也包括下游的分销商和代理商。简单地讲，供应链金融与传统的银行融资不同，它是指在一条供应链上，核心企业的上下游企业在征得核心企业同意的条件下，以核心企业为担保，与合作银行进行的融资业务。

三、产业供应链金融

供应链金融在中国已经走过了20多个年头，从1998年开始到现在，供应链金融的模式和形态不断演变发展。随着互联网的发展，互联网与各产业结合得越来越紧密，出现了“互联网＋供应链金融”的模式。本书中要介绍的产业供应链金融，就是这种模式中的一种。

所谓产业供应链金融，就是指银行等金融机构在自身的专业领域中，以核心企业为依托，综合运用互联网技术、大数据技术、云计算技术、区块链技术和物联网技术，为产业链中各成员提供灵活的金融产品和融资解决方案。

在整个过程中，银行等金融机构需要以产品的生产、运输、销售等环节的真实交易数据为依据，把核心企业及其上下游供应链上的中小企业看作一个统一的整体，再根据交易链条中的各种关系和具体的产业特征去设计新的融资模式。

想要更好地理解产业供应链金融，我们首先要理解产业互联网是什么。可以说，没有产业互联网，就没有产业供应链金融，作为产业和互联网深度融合的产物，产业互联网是产业供应链金融建立的重要基础。

互联网在产生之初，主要是消费互联网，其所连接的主体主要是人，而内容则是各种各样的信息。从本质上来看，消费互联网更多的是一种信息的互联。而当消费互联网逐渐向产业互联网转化时，其所连接的主体和内容也都随之发生了改变。

首先，产业互联网所连接的主体非常复杂，它不仅连接着消费者，还连接着企业、设备以及企业中的各个部门。其次，在连接内容上，产业互联网是信息、资产和价值的互联。近年来互联网企业纷纷涌入汽车制造行业，用互联网思维造车，这正是产业互联网的典型实例。

产业互联网的不断发展给各个领域都带来了显著变化，其中一个最直接的结果就是个人与产业间的连接变得更加紧密。一件商品到消费者手中需要经历的环节越少，则效率越高，供应链核心企业能获得的价值也就越高。这就使得核心企业在供应链管理方面要追求更加高效的管理模式，通过创新管理模式，来将产品成本降到最低。

在产业互联网基础上发展而来的供应链金融，其在特征上发生了较大变化，这些特征正是产业供应链金融的特征，具体表现为以下几点。

①企业或平台的交易规模决定了企业或平台的资金缺口。如果某平台的交易规模达到10亿，而其自身的营收仅有1000万元，这时如果该平台依然采用传统的供应链金融融资模式，那么其自身的资金缺口是很难补足的。

②企业原有的许多线下业务将会逐步被线上业务取代。互联网平台的业务小而分散，业务周期也比较短，这就决定了低效的线下业务无法满足互联网平台的发展需要，业务线上化将成为一种必然趋势。

从上面两个特征可以看出，产业供应链金融应该朝着数字化和线上化方向发展。与此同时，在风险控制方面，其与供应链金融也存在着一定的区别。传统的供应链金融主要以核心企业主体信用为核心，而产业供应链金融则需要以掌握整个产业链资产的优劣情况和交易场景作为核心。

当然，从当前产业供应链金融的发展来看，以核心企业主体信用为核心进行授信的模式比较常见，而且这种模式会依然在较长一段时间占据主流。一些金融机构在做供应链金融时，会安排特定人员对核心企业的各个指标进行定量和定性的分析，以此来判断融资主体的信用状况，这是较为常见的模式，同时也会是产业供应链金融时代的一个基础风控模型。但需要注意的是，随着产业供应链金融的发展，在风险控制方面，核心企业的主体信用将会让位于具体的交易场景。

做产业供应链金融，一个很重要的内容就是要把控好交易场景。所谓交易场景，就是贸易背景的真实性，产业供应链金融运营者除了要查看合同和票据，更重要的是实现物流、商流、资金流、信息流四流合一。

在这一点上，可以充分利用区块链技术来确保数据的真实性和交易场景的可追溯性。大多数银行等金融机构对于运用区块链来解决交易场景问题是较为认可的，这一方面是因为区块链上的数据来源多样，另一方面是因为金融机构作为链上的节点，可以获得第一手真实数据，所以用区块链技术去把控交易场景是切实可行的。

除此之外，为了确保将风险降到最低点，稳定的还款来源也是必不可少的。在传统的供应链金融模式中，以核心企业的主体信用为核心，只要核心企业不出现经营危机，还款来源一般是比较稳定的。但在产业供应链金融中，核心企业的地位弱化，运营者就需要根据供应链中历史资金流的数据，把控好上游的回款，并将其作为还款来源。在具体实践中，平台资金池的出现对于产业供应链金融的发展具有重要意义。

除了把控交易场景和还款来源，在做产业供应链金融时，设计合理的金融产品也是较为重要的环节。在设计金融产品时，需要充分考虑交易结构和业务分散程度等问题，考虑得越全面，金融产品就越优质，这一点需要结合具体的产业供应链来具体分析。

第二节　产业供应链金融的组成要素

在传统的金融业务中，企业的财务报表是银行了解企业财务状况的主要手段，厂房、土地等固定资产则是企业进行融资的重要质押物。在这种融资活动中，企业对资金的使用，以及企业融资的还款来源是不明确的。

在供应链金融活动中，银行开始以核心企业及与其有着稳定贸易往来的上下游企业所构成的一整条供应链作为信用评价主体，通过确认供应链成员与核心企业间的真实贸易关系，严格限定各成员的融资，同时强调资金用途和还款来源的稳定性。此外，供应链金融还以动产进行质押，创造出多种不同的融资方式。

而产业供应链金融，除了具有供应链金融的一些显著特征外，还表现出了很多与之不同的地方：产业供应链金融的风险控制要比供应链金融更为完善。其实不仅在风险控制方面，在很多其他方面，产业供应链金融都要比供应链金融更为完善。

如果将供应链金融比作无数条平行排布的经线，那么产业供应链金融就是由无数条密布经线与纬线交织而成的网面。在此，就产业供应链金融中的几点核心要素进行介绍。

一、产业供应链金融组成要素的具体内容

（一）金融机构的参与

金融机构拥有充足的低成本资金，是供应链金融中重要的资金提供方。但由于独立于具体产业之外，金融机构在开展供应链金融业务时，经常会遇到信息不对称问题。这时，金融机构就需要与产业链中的核心企业及其他企业合作，将金融服务与具体产业相结合，“产融结合”是产业供应链金融发展的重要因素，金融机构的参与和支持是产业供应链金融的组成要素。

（二）核心企业的参与

在整个产业供应链金融活动中，核心企业是核心组成要素。一方面，核心企业可利用自身的资信，来帮助上下游企业进行融资担保，从而帮助供应链上下游企业更好地从金融机构获得融资；另一方面，为避免违约风险，在为上下游企业提供融资担保的同时，核心企业会加强对融资企业的监督，确保其业务的正常开展，以及贷款的正常偿还。由此，产业供应链金融活动的开展，依然

要围绕着核心企业进行。

（三）多样的融资手段

产业供应链金融活动需要面对不同的主体，在整个供应链中，不同企业从事的经营活动不同，其在不同环节对资金的需求也多有不同，这就决定了在产业供应链金融活动中，需要存在多种不同的融资方式，来满足不同主体的融资需求。

（四）完备的风险控制体系

做产业供应链金融的风险控制，不仅要做好金融方面的风险防控，还需要做好物流方面的风险防控，风险控制的工作要覆盖供应链金融活动全过程，从而将风险降到最低。在整个产业供应链金融活动中，风险控制是核心，谁能在风险控制方面做出成绩，谁就能走得更远、更好。

二、各核心要素的有机组成实例

从理论层面上探讨了产业供应链金融的核心要素后，我们再从具体的实例来看看，在一个完整的产业供应链金融活动中，这些要素是怎样搭配、组合的。

凭借运量大、速度快等特点，地铁成为城市轨道交通的骨干体系，对于解决城市居民出行拥堵问题具有很好的效果。但想要打造一个完善的以地铁为核心的轨道交通产业链，并不是简单规划几条地铁线路就可以的，而是需要不断优化我国当前的地铁产业供应链金融模式。只有这样，我国才能打造出一个在全球范围内比较具有优势的城市轨道交通体系。

2012年底，为了更好地进行地铁建设管理，青岛市政府审批成立了青岛地铁集团有限公司。2017年9月，青岛地铁集团通过与齐鲁银行和青岛闪收付信息技术有限公司合作，打造了一个地铁产业供应链金融线上管理平台。

作为一个跨行业、跨区域和跨部门的金融平台，青岛地铁集团产业供应链金融平台可以在线上整合整条产业链上的贸易交易、金融产品和物流服务，通过与各方紧密联结，形成了一个共同发展的和谐生态圈。

青岛地铁产业供应链金融平台的主要运行流程可以分为：

（一）青岛地铁集团与供应商签订交易合同

地铁产业链就像是一棵大树的根须，盘根错节，涉及方方面面的内容。从大方面来讲，主要有研发建设、维护运营、投资融资、资源开发和文化传媒等。在每一个大方面之下，所涉及的各个细小环节中，会出现各类供应商。由此，青岛地铁集团必须先根据自身的需求，通过招标或其他方式来确定各个环节的具体供应商，在达成协议后再与各供应商签订相关交易合同。

（二）供应商入驻线上平台

当青岛地铁集团与各供应商签订具体合同后，其会根据实际情况在产业供应链管理平台上录入供应商名单。同时，平台会通过微信、短信等方式邀请供应商加入平台。接到邀请的供应商如果同意入驻平台，便可以申请注册。

（三）青岛地铁集团将相关交易信息上传到平台上

相关交易信息主要来自青岛地铁集团所签订的采购合同，其主要包括交易时间、供应商名称、具体项目和实付金额等内容。

（四）供应商在平台上提交融资申请

由于应收账款问题的存在，许多中小供应商存在较大的资金需求，但由于自身信用等级较低，很难从银行等金融机构获得融资。这时候，平台上的供应商就可以通过平台进行融资申请，由核心企业用自身授信来为其担保。

（五）银行进行融资请求审批

通过线上平台，青岛地铁集团、线上线下供应商、信息技术公司和物流公司可以实现互联互通，通过大数据分析和云计算技术，银行便可以在线上快速核实线下的真实贸易，并对其融资请求进行评估。当核实通过后，银行会在平台上发布审批结果，供应商可在平台上查看。

（六）银行向供应商发放贷款

由于产业供应链金融平台的存在，供应商可以凭借核心企业的信用，以较低利率获得相对较多的贷款。由于核心企业的授信支持，银行会立足于真实贸易，从整个产业链角度进行风险评估。评估结果越好，供应商在融资时享受到的优惠也就越多。

（七）青岛地铁集团支付剩余款项

在合同约定期限到了以后，青岛地铁集团需要通过平台将应付账款转入供应商银行账户之中。收到货款后，供应商则需要根据贷款利率及贷款金额向银行支付相应的本金和利息。

以上便是一个完整的产业供应链金融平台的运作过程。通过这一金融平台，供应商可以有效利用青岛地铁集团的信用，高效获得低成本融资。而青岛地铁集团作为产业链中的核心企业，在主导整个流程的同时，也降低了自身的财务费用，加强了地铁建设的效率。齐鲁银行则在有效控制风险的情况下，提升了自身金融业务的综合竞争力。

可以看出，这是一种多赢的金融合作模式，正是产业供应链金融中各个核心要素的完美结合，才实现了这一效果。

第三节　产业供应链金融的资金来源与风险管控

一、产业供应链金融的资金来源

根据融资资金来源渠道的不同，产业供应链金融的资金来源分为以下几种。

（一）商业银行

商业银行的资金是我国供应链金融最为主要也是最为稳定的资金来源，商业银行充足的资金储备和极低的资金成本是其进入供应链金融领域的先天优势。在我国的供应链金融实践中，银行是最早进入供应链金融领域的参与主体，在业务量上也是最大的。

供应链上的核心企业经营稳定、财务透明，具有较高的信用度，商业银行通过与其合作，将较低成本的资金通过核心企业的授信贷给供应链上的中小企业。从核心企业那里，银行等金融机构可以获得大量供应链上的上下游中小企业的真实交易信息数据，由此便可以根据与供应链上中小企业的业务往来，开展风险控制工作，从而顺利完成对中小企业的供应链资金融通服务。

商业银行虽然拥有充足的资金，但其每年的贷款额度却是有限的。同时，商业银行的融资服务要以供应链上核心企业的信用为依据，核心企业的信用不能无限延伸，商业银行给予核心企业的授信额度也是相对有限的。

（二）融资租赁公司

从严格意义上来讲，融资租赁业务并不属于供应链金融，但在实践操作过程中，融资租赁却与供应链金融存在着千丝万缕的联系。在整个供应链金融体系中，融资租赁公司可以作为资金提供方，参与供应链金融的业务运作。

当前，我国融资租赁企业依照监管和最低注册资本的不同，可以分为金融租赁、内资租赁、外资租赁三类。这三类公司在设立条件、资金来源和经营杠杆等方面都存在着明显的不同。

在供应链金融的三种主要模式中，融资租赁公司可以通过融通仓融资模式和保兑仓融资模式提供融资服务。直接租赁和售后回租已经成为供应链金融重要的资金渠道入口，借助这两项业务，融资租赁公司可以有效盘活企业资产，缓解企业的流动资金压力。

相较于其他资金渠道，融资租赁公司作为供应链金融的资金提供方，其优势在于经营杠杆较高。当前，内资租赁和外资租赁的公司都有10倍杠杆上限的规定，而金融租赁公司的杠杆可以达到12.5倍左右。

此外，外资租赁公司也具有资金成本较低的优势。根据相关规定，外资租赁公司可以在风险资产和净资产之比小于10倍的空间内，从境外获得低成本的债务融资。在为供应链金融体系中的企业提供融资服务时，外资租赁公司可以获得较大的利差。

相对来说，融资租赁公司的牌照申请门槛较高。尤其在当前监管部门对市场准入要求较为严格的情况下，内资租赁和金融租赁的牌照申请起来会比较困难。这可以算是融资租赁这一资金渠道的一种劣势。

（三）电商系民营银行

所有供应链金融的资金方想要开展供应链金融服务，其所需要面对的最大障碍，就是信息的不对称，商业银行自然也不会例外。虽然有足够的人力和财力资源，但是商业银行在面对供应链上多种多样的贸易信息时，还是会心有余而力不足。

供应链上中小企业的单笔融资规模往往比较小，即使如此，它们依然拿不出可以进行抵押的优质资产。在这种情况下，商业银行想要对其发放贷款，就要进行严格的贷前审查和贷后监管，任何一个环节出现风险，都可能导致商业银行的利益损失。在这种情况下，商业银行很难对为中小企业提供贷款提起兴致，这也是中小企业融资难的一个主要因素。

供应链金融的出现，能够降低商业银行为供应链上的中小企业提供贷款的风险，然而商业银行贷款审核周期长、过审标准高的问题却仍然存在。相较于国有商业银行和股份制银行，民营银行在贷款审核方面要相对宽松，由于其主要服务于中小微企业，在满足中小微企业融资需求、提供普惠金融服务方面也具有较大的优势。

虽然在资金储备和资源方面，民营银行无法与国有商业银行和股份制银行相比，但其专门针对中小微企业提供服务的独特路径，在与其他银行的竞争中也算是一种优势。可以说，民营银行作为资金方开展产业供应链金融服务，是具有一定的先天优势的。

（四）供应链金融ABS

供应链金融ABS是以核心企业上下游交易为基础，以未来的现金流收益为基础，通过发行资产支持证券募集资金的一种项目融资方式。目前市场上已发行的供应链金融ABS主要以应收账款为基础资产，提供融资服务的机构有保理商和商业银行。供应链金融业务不仅有助于拓宽中小企业的融资渠道，降低中小企业的融资成本，也能有效提高整个供应链的流转效率。

二、产业供应链金融风险管控

在产业供应链金融体系中，任何种类的风险都可能会导致供应链金融体系的崩塌。当供应链上的一个企业发生风险后，这种风险会在供应链上迅速传导、发酵，如果缺少及时有效的控制，整个供应链都会处于巨大风险之中。为了各方能够更好地享受供应链金融模式带来的好处，供应链上的每一个企业都应该针对可能发生的不同风险，采取不同的防范策略，将风险的危害降到最低。

（一）基础风险：产业市场风险

供应链系统的复杂性决定了供应链金融在具体实践时会遇到各种不同的风险。由于与传统信贷业务相比，供应链金融具有一些独有的特质，所以供应链金融业务所面对的风险既有传统信贷业务所具有的风险，也有其自身所独有的风险。

关于供应链金融风险的研究，国外学者从市场和供应链本身得出结论，将供应链金融风险分为可控制风险和不可控制风险两大类。其中，可控制风险主要是供应商的资信、产品和服务质量，而不可控制风险则主要是自然灾害、市场变动等。

我国自引入供应链金融概念开始，一些学者便着手研究供应链的风险问题。由于不同学者对供应链金融的理解不同，他们所认定的供应链金融风险也有所不同。一些学者将供应链风险分为外生风险和内生风险两大类，其中，外生风险主要是指来自外部环境的风险，而内生风险则主要是指道德风险、信用风险等内容。

供应链金融发展到今天，在一些具体的供应链金融实践中，已经出现了各种各样的供应链金融风险问题。这些风险问题有大有小，有的得到了及时解决，并没有危及整条供应链的平稳运行。有的虽然只是一些小风险，但因为没有得到有效根治，最终导致了整个供应链金融体系的崩溃。

因此，供应链金融风险问题是供应链金融参与者必须重视的一个问题，可以说，供应链金融业务运作的成败，很大程度上取决于对供应链金融风险的管控。没有无风险的供应链金融模式，但只要能够做好风险控制工作，各类风险对整个供应链造成的危害就会降到最低，供应链金融体系就会稳定有序地发挥其应有的作用。

一般来说，传统的信贷业务风险主要包括市场风险、操作风险、信用风险和法律风险，这些风险在供应链金融中也同样存在。除了这些基础风险外，供应链金融也面临着一些自身所特有的风险。在这一节，我们主要介绍供应链金融的产业市场风险，这也是传统信贷业务和供应链金融都需要面对的风险。

产业市场风险也可以被称为系统性风险和不可分散风险，在传统信贷业务中，产业市场风险主要是指由于未来市场价格波动所导致的银行预期收益和实际收益出现偏差的风险。而在供应链金融中，产业市场风险主要是指由质押物的市场价格波动所导致的质押物实际价值低于银行给予中小企业的融资额度时，中小企业可能会出现的违约风险。

这种产业市场风险主要出现在应收账款融资模式和存货融资模式中，一般是由利率、汇率、股市或具体的商品价格等市场因素的波动所引起的，当金融产品的价格或收益出现不稳定情况时，产业市场风险也就产生了。当前，我国银行供应链融资产品在定价上大多仍然使用固定利率的方式，当利率发生变化或调整时，银行往往不能及时对贷款利率进行调整，只有到基准利率变化的下一个年度才能进行调整。这也就是说，在贷款利率未进行调整的这段时间，银行的收益会受到较大的影响。

此外，由于我国的供应链金融业务，很多会涉及国际贸易，如果不是使用同一种货币来进行交易，就可能会出现汇率变动的风险。

总体来说，上述介绍的利率风险和汇率风险，对供应链金融体系中的商业银行存在一定影响，但这些风险一般很容易被商业银行所掌控，风险危害也会被降到一个比较低的水平。在众多产业市场风险中，作为质押物的存货价格波动所带来的价格风险，对商业银行及整个供应链带来的影响才是最大的。

由于市场商品价格和金融汇率的变化，质押物在某段时间的价格也会发生变化，这时，质押物变现的能力也会发生改变。因此，对于那些应用范围较窄、不容易保存和价格波动较大的商品就不适合作为仓单质押，如果将这些商品作为质押品进行融资，就会造成较大的融资风险。

如果某些商品作为质押品，在质押期间，其市场价格突然大幅下降，从而出现贷款额高于质押物价值的情况，这时对于贷款企业来说，如果继续还债就是在做“亏本买卖”。在这种情况下，就会出现贷款企业违约风险。

商品价格出现波动是常见的一种市场经济现象，某一商品在某一特定时间内发生价格波动的可能性也比较大，因此，大多数供应链金融体系都会存在较大的价格风险。

既然价格风险对供应链金融业务的影响如此明显，那应该采用怎样的方法去进行有效的风险控制呢？

对于供应链金融产业市场风险中的价格风险，商业银行的主要风控手段是选取那些标准价格较为稳定的质押品，由此来确定质押品的担保能力。想要做好这方面的工作，商业银行方面需要大力培养专业的供应链金融人才，尤其是那些精通质押物价值评估的人才，做好质押物的价值评估工作是应对质押物价格风险的第一步。

在培养人才的同时，商业银行还需要在整个供应链链条中建立价格预警机制，一旦出现过度的价格波动，商业银行可以要求借贷方增加质押物或采取其他合法合规的手段来保障整个供应链金融链条上的资金安全，防止情况恶化，避免给整个供应链金融体系带来更大的损失。

最后，在开展供应链金融业务前，商业银行可以选择与核心企业签订回购合同，以此来转移价格风险对自身带来的不利影响。当然，商业银行也可以根据自身的实际情况，选择其他更好的金融工具或业务手段来转移这种风险。在降低自身损失的同时，确保供应链金融体系的稳定。

作为供应链金融业务的基础风险，产业市场风险在供应链金融整体业务风险中占比较高，而在产业市场风险中，与质押物相关的价格风险发生的概率也非常高。虽然产业市场风险大多难以预测，但只要提前建立起相应的应对机制，在风险发生时，就可以将危害降到较低水平，从而维持整个供应链金融体系的稳定。在一次风险过后，及时总结，完善应对机制，可以提高供应链金融体系应对风险的能力。

（二）道德风险：核心企业信用风险和道德风险

在传统信贷业务中，信贷风险多表现在单一的贸易环节中，而在供应链金融业务中，由于供应链上各个节点紧密相连，原本在单一环节的风险也就随之辐射到了供应链的上下游。由此，供应链上下游各个环节中贸易的不确定性，也就为供应链金融带来了更多风险。如果供应链金融覆盖了整个供应链链条上的各个节点，那么供应链金融的风险就会辐射到整个供应链之中。

具体来说，在供应链金融体系中，风险已经不再局限在单一的节点上，而是广泛存在于整个供应链之中。因此，商业银行在关注单一节点的具体情况时，需要仔细审核核心企业的信用度、财务报表的真实性，以及其与上下游客户之间的贸易关系。

当前，在大多数供应链金融体系中，核心企业的作用都至关重要。一旦核心企业出现信用或道德方面的问题，导致银行撤出资金，整个供应链上的其他企业也会受到不同程度的影响。

在供应链金融业务风险之中，与核心企业关联较大的，主要是信用风险和道德风险。在一个完整的供应链中，核心企业的经营状况影响着其上下游中小企业的生存状况，一旦核心企业在信用和道德方面出现风险，这种风险就会迅速传导到供应链链条中的上下游企业身上。

在传统信贷业务中，信用风险主要是指债务人没有履行先前的承诺，没有将贷款按时或全部归还给债权人，由此给债权人带来损失的一种违约行为。在供应链金融业务中，信用风险主要来源于供应链上企业的业务能力、业务量和商品来源的合法性。供应链企业资信不佳、行为不良，商品来源不明或资格不全，都可能引发相应的信用风险。

而道德风险则主要是指参与合同的一方所面临的对方可能改变行为而损害到本方利益的风险。在供应链金融体系中，核心企业凭借较强的实力和较大的规模，影响着整个供应链金融体系的运作。正因如此，如果核心企业出现道德风险，那么整个供应链金融体系就将陷入较大的危机之中，严重的还会引发整个供应链金融体系的崩塌。

正常来说，在供应链金融体系中，核心企业与供应链上的中小企业间维系着一种互利互惠的关系，可以将自身的信用传递给供应链上下游的中小企业，帮助其完成融资，扩大生产规模，进而提升整个供应链的竞争力。但如果在这个过程中，核心企业利用自身在供应链中的有利地位，在交货、价格、账期等方面要求上下游中小企业接受严苛的条件，就容易引发相应的道德风险。

核心企业通过“压榨”供应链上中小企业的核心利益，来实现自身短期效益的最大化，就会导致这些中小企业出现资金紧张的情况。在这种情况下，中小企业就需要向银行融资来维持自身的基本运作。当中小企业通过核心企业获得增信支持，从银行获得融资后，核心企业就会继续通过严苛的条件来压榨中小企业的资金。如果中小企业再次出现资金紧张的状况，为了维持生存，就会再次向银行申请融资。如此周而复始，当中小企业负担的债务超出其承债极限时，整个供应链金融体系就会变得不稳定，并产生严重风险。而这种风险，正是核心企业的道德风险。

在以商业银行为主导的供应链金融模式中，商业银行需要警惕核心企业的道德风险，在选择核心企业时，需要设定好一定的标准。在具体选择标准上，商业银行可以从核心企业经营实力、管理能力与协作能力几个方面着手考量。

在选择核心企业时，商业银行需要关注核心企业的股权结构、投资收益、信用记录、行业地位、市场份额、发展前景等多方面因素，由此来判断核心企业的经营能力。商业银行可以根据该企业在过往年份的采购成本或销售收入，来确定其供应链金融的具体授信额度。

此外，除了要对核心企业经营实力进行考察，商业银行还需要看核心企业对上下游客户是否具有较强的管理能力。比如，核心企业对上下游中小企业是否有准入和退出管理，是否对中下游企业提供排他性优惠政策及激励和约束机制。

最后，在商业银行主导的供应链金融模式中，商业银行在选择核心企业时，还需要考察核心企业与银行的协助关系，即在供应链金融体系中，核心企业能否更好地与银行合作，降低供应链金融业务的风险。

作为供应链金融体系中的重要参与者，核心企业应该成为供应链金融业务的风险控制者，但其自身所存在的道德风险，又在一定程度上让其成为供应链金融风险的一大源头。很多时候，核心企业间接掌握着供应链上下游企业的经营状况、资信状况等信息，同时其信息信用水平直接决定着应收账款的可回收性和存货价值的变现能力。如果核心企业过于急功近利，追求自身短期效益，很可能会为供应链金融体系带来较大风险。

（三）产业风险：上下游融资企业信用风险

在供应链金融体系中，供应链上的中小企业是主要服务对象。在传统信贷业务模式中，中小企业因为信用水平较低，很难从金融机构手中获得融资，即使融资申请通过，其融资成本也要高出很多。在供应链金融模式中，商业银行等金融机构围绕核心企业向中小企业提供融资服务，核心企业以自身资信为中小企业提供增信支持，从而帮助中小企业更好地从金融机构获得较低成本的资金支持。

供应链上的中小企业往往规模较小、实力较弱，由于可抵押的优质资产较少，又找不到愿意为其担保的大型企业，所以在向银行申请融资时，往往会遇到较多困难。同时，供应链上的中小企业产品技术含量较低，盈利能力有限，加之其财务管理体系不完善，信息透明度较低，银行等金融机构出于规避风险的考虑，也不会轻易为中小企业放贷。

供应链金融模式在很大程度上降低了银行和企业间的信息不对称问题，弱化了供应链中上下游中小企业自身的信用风险。但需要注意的是，其并未对中小企业自身造成任何改变。供应链上下游中小企业依然存在着制度不完善、技术力量薄弱、资产规模小、生产不稳定、财务报表不透明、信用度不高等现实问题。这些问题的存在，很容易引发中小企业的信用风险。

供应链金融模式下的中小企业信用风险主要是指中小企业作为借款人，因为各种主客观原因，无力或不愿继续履行合同条款，因而出现违约情况，使银行等金融机构遭受一定的损失。

不同于传统信贷业务的信用风险，在供应链金融业务模式中，中小企业的信用风险除了受到自身各种风险因素的影响，同时还会受到供应链整体的运营情况、业务交易情况和各企业合作情况等多种因素的影响。

供应链中上下游的中小企业能否获得融资，很大程度上取决于核心企业的信用状况。如果核心企业在发展过程中，出现信用资质降低、还款能力下降的情况，对中小企业就会产生较大影响，银行所需面对的信用风险也会由此增加。

供应链的稳定性也是影响中小企业信用风险的一个重要因素，由于供应链将众多企业串联在一起，原本单一企业的经营风险，就会顺着供应链链条传导到每一个企业身上，中小企业所承担的经营风险就会因此增加。如果出现经营不善的情况，就很容易引发自身的信用风险。

此外，在供应链金融体系运作过程中，物流企业在运输中出现的物流配送延迟，引发的供应链中断，也可能对供应链中的上下游中小企业造成较大的影响。严重的话，还会引发中小企业的信用风险。

上述提到的众多因素中的每一种因素，都有可能导致供应链中的上下游中小企业产生信用风险。无论是出于主观原因还是客观原因，供应链金融体系上的中小企业一旦出现信用风险，就会导致没有及时偿还融资借款，进而会给供应链资金方造成一定的损失，最终会危害到整个供应链的稳定。

在大多数供应链金融模式中，都会通过对物流、资金流等的控制，来规避中小企业资信不足可能带来的信用风险。这种模式往往会降低授信主体的门槛，进而增加债项评价的权重，也就是对预付账款、存货和应收账款等资产担保物权更为重视。

供应链金融体系想要将中小企业的信用风险降到最低，就需要谨慎选择预付账款、存货和应收账款等资产的担保物权。这些资产的担保物权作为供应链金融业务的授信支持类资产，是重要的信贷还款来源，如果对这类资产的担保物权选择不慎，就可能增加中小企业的信用风险。

具体来说，在选择这类资产的担保物权时，银行等金融机构需要根据种类的不同，来设定相应的认可标准，由此来更好地规避风险。

在应收账款的担保物权方面，要保证应收账款债权可以依法转让；要保证应收账款的相关要素具体明确；要保证应收账款债权没有超过诉讼时效；还要保证应收账款提供者具备法律规定的保证人资格。

在存货的担保物权方面，要保证用于抵质押的货品权属清晰；要保证抵质押物品的价格相对稳定，不易发生剧烈波动；要保证抵质押物品可以轻松通过拍卖或变卖的方式转让出去；还要保证抵质押货品的性质较为稳定，不容易发生燃烧、爆炸、挥发、渗漏、霉变、氧化等情况，导致抵质押物价值减损。

在预付账款的担保物权方面，需要考虑的内容与存货的担保物权基本相同，但同时，商业银行等金融机构还需要考虑供应链金融的具体模式，以及供应链中核心企业作为担保者是否稳妥，是否会发生风险。

在具体应对举措上，商业银行可以通过制定市场准入标准和信用档案，建立风险预警机制，以及完善贷后信息追踪等方法，来应对和控制中小企业的信用风险。

首先，在制定市场准入标准和信用档案方面，构建供应链金融体系时，商业银行应该对各类中小企业进行全面考察，选择那些基本素质较高、发展较为稳定的中小企业。在供应链金融体系运行的过程中，还需要进一步加强对中小企业生产经营情况的监督与管理，做到信息公开透明，全方位掌握供应链企业的经营动态。商业银行还应该结合供应链金融体系的具体特点，针对供应链中的中小企业，构建完整的信用评价体系以及信用档案。通过建立客观准确的计量模型，来准确评价中小企业的资信情况。在构建中小企业信用档案时，还需要同时建立中小企业主要负责人的信用档案，如果发现中小企业主要负责人存在信用问题，商业银行在为中小企业融资时，就要谨慎一些。

其次，一个完善的供应链金融体系，一定要拥有一套与之相配套的风险预警机制。这样才能在风险爆发之前，提前识别，并采取相应举措来控制风险。

最后，在构建风险预警机制的同时，供应链金融体系还需要不断更新和完善信息管理系统。除了要在企业融资前做好信息甄别工作，还需要在中小企业融资后，对其交易货物进行跟踪管理，及时发现可能存在的风险，及时开展有效的防范举措。

供应链金融作为解决中小企业“融资难、融资贵”问题的重要工具，可以帮助中小企业顺利渡过发展瓶颈期，提高整个供应链的综合竞争力。当然，想要更好地做到这一点，商业银行需要在综合考虑核心企业、中小企业和整个供应链等多方面因素的基础上，着重对中小企业信用风险进行考察，在全面了解中小企业信用状况的情况下，采取不同的风险预防措施，来尽量减少自身可能发生的损失。

（四）操作风险：激进者的杠杆扩张冲动

在众多供应链金融风险类别中，操作风险可以说是最为普遍的一种风险，其贯穿于商业银行的所有业务中，是商业银行风险管理工作的重要内容。

供应链金融体系是一个复杂系统，商业银行作为主导者需要对供应链整个过程的各个环节进行监督和管理。由于我国的供应链金融风险管理还不完善，业务操作流程还有很多需要修正、改进的地方，这些因素都为操作风险的发生埋下了隐患。

近年来，供应链金融市场爆发出多个供应链金融风险，其中大部分都是道德风险和操作风险。以应收账款为基础的供应链金融体系，其本质上依然是信用贷款，这也决定了道德风险和操作风险成为供应链金融体系中不可回避的主要风险。

在供应链金融市场中，一些资质比较差却又急躁冒进的企业，会借助供应链金融体系来不断谋求融资，在获得大量资金支持后，便开始迅速做大，然后进入资本市场聚敛钱财。这种企业背后是不断加高的杠杆，表面看上去风光无限，但实际上只要走错一步，细微的操作风险会让耸立的高楼大厦顷刻崩塌。

对于金融机构来说，同行业竞争日趋激烈，如果没有新的业务增长点，就容易被对手迅速超越，并且越来越落后于对手。为了进一步扩张业务，一些金融机构会选择放松自己的风控标准，将更多企业纳入自己主导的供应链金融体系之中。显然，这种做法在很大程度上也增加了供应链金融的操作风险。供应链金融通过控制物流、资金流，以及自偿性结构设计，构筑了针对中小企业信用风险的监控机制，但也因此增加了许多贷后操作环节。也正是操作环节的增加，带来了更多的操作风险。

严格的操作制度和严密的操作流程在一定程度上决定了信用风险是否可以被有效规避，但同时，在具体的操作流程中，贷后操作能否保证规范、合法和严密，也决定着操作风险发生的概率有多大。可以看出，供应链金融业务模式在一定程度上将中小企业的信用风险转变成了商业银行的操作风险。

在应对供应链金融的操作风险时，商业银行首先要建立并完善自身的内部风控体系，尤其要着力提高相关业务人员的工作能力和风险应对能力。供应链金融的许多贷后操作都需要相关业务人员去操作，银行只有提高这些业务人员的综合素养，才能尽可能地避免操作风险的发生，上面提到的操作风险应对方法是最为基础也是最为有效的。操作人员对工作流程越熟练，操作风险就会越低，这是显而易见的道理。但从整个供应链金融体系来看，想要更好地规避操作风险，仅仅依靠“专业的人”是远远不够的，还需要借助其他力量去合理转移和化解这种操作风险。

在一些供应链金融体系中，商品监管是比较容易出现操作风险的环节。

由于仓库与银行间信息的不对等，很容易导致其中一方决策的失误，从而造成对质押商品监管的操作风险。由于供应链中物流企业的管理粗放、信息化程度较低，在供应链运作过程中，很容易出现同一商品重复质押，以及质押商品被非法挪用的风险。

当前，我国物流企业正在从传统物流向现代物流转化，一些大的物流企业已经基本实现信息化变革，但仍有不少物流企业的信息化程度还很低，多半还停留在人工作业阶段，这在很大程度上增加了操作风险出现的可能性。在一些供应链中，物流企业内部人员与货主合谋，通过伪造仓单的方式，让货主私自提货，严重损害了本企业和供应链资金方的利益，也严重危害了供应链金融体系的稳定。

在应对商品监管中的操作风险时，物流企业的信息化管理成为必不可少的保障条件。在仓储信息化过程中不断优化自身的管理和业务水平，可以让物流企业在开展金融服务时，更好地控制可能发生的操作风险，从而提高服务的效率与质量。

在信息化管理过程中，建立信息技术平台，加强供应链上企业的信息交流，也可以有效减少操作风险的发生。供应链金融平台的兴起，在很大程度上顺应了物流、信息流和资金流协调、融合的需要。通过信息技术平台，可以很好地对供应链各节点间的交易过程进行监督和追溯，发生操作风险也可以及时应对，将危害降到最低。

物流企业在开展供应链金融业务时，要注重做好各项合约的订立工作。在商品监管环节，需要与客户签订“仓储协议”，明确入库商品的验收和养护要求。同时，还要与银行签订相关质押权保证书，协调双方的行动。在商品处置环节，物流企业更需要兼顾银行和客户的利益，按照先前签订的协议来处置质押物。在供应链金融体系中，物流企业做好自己的本职工作，能够显著降低整个体系发生操作风险的概率。

无论是物流企业还是商业银行，都要根据供应链金融模式来制定严格的操作规范和监管流程。物流企业需要做的就是上面提到的加强信息化管理水平，注重个性合约的订立；而银行需要做的，就是充分收集供应链企业资料，提高业务人员的工作能力，完善资信核查制度。只有双方都做好自己的工作，供应链金融体系的操作风险才能够被有效化解。

第二章　产业供应链金融的创新模式

第一节　中心模式：以核心企业为主导

一、中心模式概念

在产业供应链金融中，供应链的核心企业一般是指在供应链产业生态中规模较大、信誉较好、制度比较完善、融资渠道比较广泛、财务体系比较健全的优质企业。同时，还要求该企业对其上下游中小企业具有一定的支配和管理作用。

在整条供应链中，上下游中小企业能否长久稳定地发展，在很大程度上影响着产业供应链的稳定，影响着核心企业产品的生产和销售，甚至影响着核心企业战略发展的成败。基于此，核心企业为了寻求更好的发展，就必须努力维护自身供应链的稳定，并逐步提升自身供应链的综合竞争力。想要做好这方面的工作，核心企业就必须着力解决上下游中小企业“融资难、融资贵”的问题。

凭借自身优势，核心企业可以建立产业供应链金融平台，通过这一平台为上下游中小企业提供资金支持，由此便形成了以核心企业为主导的产业供应链金融模式。

在以核心企业为主导的产业供应链金融模式中，核心企业可以从整条供应链共同发展的角度，与上下游中小企业建立起平等友好的关系。双方之间的关系越紧密，上下游中小企业对核心企业的依赖度就越高。反过来，核心企业的发展壮大也离不开供应链中上下游中小企业的稳步发展。

二、实例分析：海尔产业供应链金融平台

在海尔集团全资控股的互联网投资理财平台“海融易”的四大业务板块中，产业供应链金融的业务占到了平台交易量的60%以上，通过与平安银行等四家金融机构合作，海融易通过平台可以为其所有的企业用户提供直接授信和订单融资等金融服务，这也意味着有近万家海尔经销商可以享受到便利的互联网线上融资体验，解决自己面临的融资难问题。

海尔集团的所有供货商、销售商的数据信息都可以在海尔的ERP数据库中找到，海尔集团可以清楚地知道融资企业上下游供应商和销售商的详细情况。因此，在风险控制方面，它具有得天独厚的优势，通过海融易独有的风控模型，海尔集团可以准确判断融资企业是处于扩大再生产阶段，还是严重亏损阶段，从而为资金方提供详细的风控信息，以避免融资风险的出现。

海尔针对经销商不同时期的融资需求，主要推出了“货押模式”和“信用模式”两种供应链金融业务。其中，“货押模式”主要是针对经销商为了应对节日消费高峰等情况而需要进行大额采购所实施的一种金融解决方案；“信用模式”则主要是针对经销商每月实际销售产生的小额采购而实施的一种金融解决方案。

（一）“货押模式”的具体操作流程

①经销商通过日日顺B2B平台向海尔智慧工厂下单，再将30%的预付款交到银行。

②经销商向海尔供应链金融申请货压融资，海尔产业供应链金融则将相应

信息递送至银行，同时会根据手中掌握的经销商的具体信息，向银行提出建议额度。

③银行审核申请后，将钱款转到经销商监管账户，海尔产业供应链金融则将剩余订单资金交付给海尔的财务公司。财务公司收到相应款项后，会通知海尔智慧工厂根据经销商订单内容安排生产。

④当海尔智慧工厂将产品加工完成后，会将成品发送到日日顺物流仓库，成品货物将会进入质押状态之中。

⑤当经销商需要使用成品货物时，需要向海尔产业供应链金融申请赎货，同时将剩余货款归还给银行。

⑥当海尔产业供应链金融收到经销商全额支付的货款信息后，日日顺仓库的成品货物会解除质押，并由日日顺物流配送给经销商。

（二）“信用模式”的具体操作流程

①经销商要先向海尔提供当月的预订单。

②收到预订单后，海尔智慧工厂进入产品生产阶段。

③海尔产业供应链金融和银行会根据经销商的信用状况，为经销商提供全额资金，并直接支付到海尔财务公司。

④财务公司在收到货款后，准许智慧工厂发货，工厂便会通过日日顺物流将货物发到经销商处。

⑤经销商在收到货物后，要将货物款项打入指定商业银行中。

可以看出，无论是“货押模式”，还是“信用模式”，海尔供应链金融平台上的经销商在获取融资时，都可以不用抵押担保，也不用自己跑到银行去办手续，一切操作都可以通过海尔在线产业供应链金融平台来完成。经销商不仅享受到了快捷高效的融资服务，同时还可以获得大企业融资才有的优惠利率。

除了海尔产业供应链金融平台，海尔集团在供应链金融方面还组建了海尔金融保理公司。与海尔供应链金融平台服务于海尔产业链内的企业客户不同，海尔金融保理的全部业务都独立于集团产业链之外，其所服务的也主要是海尔集团产业链外的企业客户。

在不断摸索中，海尔金融保理创建了一种“链式信用生态”的模式，这种模式通过打通整个产业链，排除产业链中不必要的中间商，连接各个资源方，建立起以合同为基础的信用增值体系。其所打造的是一个信用生态赋能平台，通过信用价值在产业链中不断深入传递，改变产业链末端的中小微企业的弱势地位。最终将以核心企业为主的产业供应链金融，推向整个产业链共同参与的产业链金融，进而再探索出让产业链各方联系更为紧密的生态链金融。

可以看出，海尔集团在产业供应链金融方面的尝试和实践是比较成功的，其所不断推进的方向，也正是当前供应链金融变革升级的主流方向。借助于强大的先天优势，海尔集团在产业供应链金融领域所取得的成绩，已经成为其在传统业务之外的新的经济增长点，这正是核心企业主导的供应链金融所带来的理想结果。

第二节　资金模式：以出资方为主导

一、资金模式概念

银行等金融机构在开展供应链金融业务时，与其他参与主体相比，在资金方面具有得天独厚的优势。资金的借贷正是银行等金融机构的主营业务，其不仅具有完善的资金借贷流程和风控体系，同时还具有资金成本低的先天优势。因此，在最初的供应链金融业务中，冲在最前面的也多是商业银行。

作为金融机构的典型代表，商业银行拥有一套独特的信用考评体系。在传统的资金借贷业务中，为了尽可能地规避风险，商业银行对于借款人的资格审核是非常严格的。这种严格的审核让很多缺乏抵押物、信息不透明的中小企业被挡在银行的大门之外，即使费尽九牛二虎之力获得了银行贷款，其贷款规模和贷款利率也难以满足中小企业的发展需求。为此，银行等金融机构需要新的工具去开拓中小企业融资市场。产业供应链金融因此进入商业银行的视野之中。

前面已经提到过，供应链金融模式可以很好地解决为中小企业授信可能出现的风险问题。商业银行通过将整条供应链上的企业进行整合，不再对供应链上的单个企业进行分散授信，而是从整条供应链入手，从其运作机制、发展前景和信用状况等多方面去考察，进而再对供应链中的中小企业进行贷款。这种做法可以很好地解决银行等金融机构所面临的信息不对称问题，化解可能发生的融资风险。

在以银行等金融机构主导的产业供应链金融中，银行更多是出资方，通过审核供应链参与者的融资需求，来完成资金借贷工作。同时，银行在整个产业供应链金融中，还负责风险防控体系的构建。

二、实例分析：中国银行产业供应链金融业务

中国银行推出的“融易达”这一供应链金融产品，其主要是利用核心企业的信用能力，帮助上游中小企业的供应商提供授信支持，以此为这些中小企业解决“融资难、融资贵”的问题。从整体效果来看，通过这一金融产品，中小企业解决了融资问题，核心企业优化了财务报表，中国银行扩张了金融业务，达到了多赢的效果。

此后，中国银行总行成立了供应链团队，开始对产业供应链金融业务进行集中管理，并制定了产业供应链金融的发展方针和发展战略。

当前，中国银行的产业供应链金融业务产品已经形成多层次、多种类互补的发展现状，从大类上划分，主要可以分为应收账款保理融资、应付账款及货押融资两种不同的类型。

（一）应收账款保理融资

中国银行的应收账款保理融资主要包括国内商业发票贴现、出口商业发票贴现、融易达和融信达四种供应链金融产品。

1.国内商业发票贴现

该业务是指卖方将其与买方订立的货物销售、服务或工程合同项下产生的应收账款转让给中国银行，由中国银行为卖方提供贸易融资、应收账款催收、销售分户账管理等服务。

该业务产品可以加快卖方资金的周转速度，因此，对于那些流动资金有限、需要改善资金状况的融资企业比较有吸引力。其具体流程主要包括：

①中国银行与卖方签订《国内商业发票贴现协议》。

②卖方发货出单，向中国银行提交贴现申请书，并将相关应收账款转让给中国银行。

③在完成单据及贸易真实性核查后，中国银行将会为卖方发放融资。

④在应付账款到期后，买方需要按照中国银行指定路径付款，中国银行在扣除融资本息和相关费用后，需将余额交付给卖方。

⑤融资到期前，买方应完成付款，如到期后还未付款，中国银行可向卖方追索融资本息和相关费用。

2.出口商业发票贴现

该业务是指出口商将现在或将来的基于其与进口商（债务人）订立的出口销售合同项下产生的应收账款转让给银行，由银行为其提供贸易融资、应收账款催收、销售分户账管理等服务。

该业务产品能够让出口商尽早得到融资款项，加快资金周转速度。通过贴现业务尽早得到融资，还可以避免因市场汇率变化带来的汇率风险。对于投保信用险的出口商，授信准入标准还会有所放宽，能够帮助出口商更容易获得融资。对于那些在出口赊销项下遭遇资金周转问题的出口商，该业务产品是一个不错的选择。

3.融易达

该业务是指在以赊销为付款方式的交易中，在基础交易及应付账款无争议的前提下，中国银行占用买方授信额度，为卖方提供无追索权的贸易融资业务。

该业务产品是供应链上核心企业为其上游供应商提供增信支持，中国银行占用核心企业的授信额度来为上游供应商提供融资的一种供应链金融产品。在申请融资时，除了核心企业的资信要达到中国银行的准入标准外，上游供应商也要具备一定的履约能力和市场竞争力，同时还要与核心企业具有良好稳定的合作关系。

4.融信达

该业务是指中国银行对出口商已向中国出口信用保险公司或经中国银行认可的其他信用保险机构投保信用保险的业务，凭相关单据、投保信用保险的有关凭证、赔款转让协议等为出口商提供的资金融通业务。

根据中国出口信用保险公司的经营范围，该业务可以分为短期融信达和中长期融信达两种；根据是否保留追索权，该业务又可分为有追索权的融信达和无追索权的融信达。

（二）应付账款及货押融资

中国银行的应付账款及货押融资业务主要包括订单融资、销易达和融货达等产业供应链金融产品。

1.订单融资

该业务是指为支持国际货物贸易项下出口商和国内货物贸易项下供货商备货出运，应卖方的申请，根据其提交的销售合同或订单向其提供用于订单项下货物采购的专项贸易融资。

该业务产品可以满足供货商备货的融资需求，减少供货商的资金占用，增加贸易机会。在申请订单融资时，必须以具有真实贸易背景的交易为基础，相关订单的内容也要清楚、明确。

2.销易达

该业务是指在以款到发货、货到付款或赊销为结算方式的交易中，供应链中的核心企业为扩大销售、加速资金回笼，为其认可的下游企业提供授信支持，在核心企业同意下游企业未按期偿还融资本息及相关费用时承担还款责任的前提下，中国银行全额占用核心企业授信额度为其下游企业提供融资。融资款项主要用于下游企业向核心企业支付货款。

通过与核心企业的信用捆绑，供应链下游企业可以更好地从银行获得融资，从而缓解自身的融资压力。而核心企业对下游企业提供授信支持，也可以帮助自身扩大销售，减少应收账款，从而优化企业的财务报表，为买卖双方都带来便利。

3.融货达

该业务是指在贸易结算业务项下，凭中国银行可接受的货物（或“权利”）作为质押为客户办理的贸易融资业务。

该业务产品有别于不动产抵押和第三方担保，开辟了一种新的授信渠道，可以有效解决中小企业融资难的问题，满足存在授信瓶颈客户的融资需求。

近年来，随着互联网技术的发展，供应链的运作模式也在不断发生改变。中国银行顺应潮流，不断加快供应链金融在线平台的建设，研发出了拥有前端电子渠道和后台操作系统的产业供应链融资系统，不仅简化了融资申请的流程手续，还大大提高了融资业务的处理能力。迄今为止，中国银行的产业供应链金融系统已经服务了多种行业的多个知名企业，取得了很好的成绩。

第三节　平台模式：建立可信赖的金融平台

一、平台模式概念

在互联网金融发展的潮流之中，供应链金融发展几经更迭，线下的供应链金融业务逐渐转移到线上，而后又逐渐形成平台化运作模式。当前，以互联网金融平台为核心的产业供应链金融已经成为供应链企业开展融资业务的主要方式。

互联网时代的产业供应链金融，必须扎根于产业之中，只有做到产业与金融相结合，才能取得更好的发展。其未来最为理想的运营方式应该是依托大数据技术构建产业供应链金融平台，同时以产业供应链金融平台去连接整个产业生态，从而构建起垂直领域内的闭合金融生态系统。

产业供应链金融生态平台需要政府、企业、行业协会等多方参与，广泛融入互联网及物联网技术。一个完整的跨企业、跨行业和跨区域的金融生态平台，可以让各类主体都享受到不同类型的金融服务，在促进各类主体不断发展的同时，提高整个金融生态平台的综合竞争力。

产业供应链金融平台的有效构建需要做好多个方面的核心工作，在技术服务方面，需要不断完善风控体系、法律体系、支付结算体系，科学的平台架构设计也是一项重要的技术工作；在核心企业方面，要充分考虑并明确业务的资产定位、盈利模式、成本测算及运营团队，同时还要充分借鉴行业内的丰富经验。

总的来说，产业供应链金融平台的构建是一项复杂的工程，只有将技术应用与业务产品完美融合，才能创造出最大的商业价值。同时，平台方也需要做好供应链各个参与方的协调工作，帮助核心企业、中小微企业和金融机构等方实现共赢。

二、实例分析：中金云创产业供应链金融平台系统

中金云创供应链金融平台系统通过线上化，以核心企业供应链真实交易为背景，基于核心企业的整体授信，实现资金端与资产端的对接，配备完善的风控体系，解决中小微企业融资难的困局，可以提高核心企业产业供应链体系的核心竞争力，帮助核心企业实现战略转型。

在技术层面上，中金云创产业供应链金融平台系统基于互联网开发技术，采用J2EE技术的B/S架构，前端对外平台以互联网思维为设计思想，管理后台则以强风控、强监管为设计要素，形成外部业务开展及内部业务监管的双层体系架构。同时，系统采用了电子签名认证体系及银行存管户管理等技术，可以全面满足供应链金融业务的线上化开展。

根据供应链金融业务的开展需要，中金云创供应链金融平台系统主要提供应收账款融资、存货质押融资、预付款融资业务。根据核心企业战略布局的不同，平台构建者在构建供应链金融平台时可以选择不同的业务模式进行灵活配置。

产业供应链金融业务的开展，由于涉及大额资金的交易，因此，对于系统的安全和资金的往来都有比较高的要求。中金云创产业供应链金融平台系统通过银行账户体系，实现监管户和虚户的全面资金管理，其系统安全性可达到银行级的安全要求。同时，该系统的前端外部端和后台管理都采用了全面的安全管理技术，可以充分保障产业供应链金融平台的安全、高效运行。

在产业供应链金融业务的开展过程中，交易协议的签订需要实现不可抵赖性，这样才能保障产业供应链金融平台运作的稳定性。在互联网金融技术的加持下，中金云创产业供应链金融平台系统采用强大的身份认证体系和加密技

术，为产业供应链金融业务的开展提供了必要条件。

作为产业供应链金融业务的核心，在风险控制方面，中金云创基于产业供应链金融平台系统，在建立全面的风险控制管理体系的同时，还开展了多层次的风险管理模型。通过这两个方面的工作，便可以实现全面的风险控制。

在上述措施并举的同时，平台建设方可以根据自身的平台构建及运营模式定位，来选择运营模式，既可以建设以核心企业为中心的产业供应链金融平台，也可以建设由第三方平台运营的供应链金融平台。可以说，各类平台建设方都可以根据自己的规划定位和建设要求，构建起自己的供应链金融平台。

三、产业供应链金融平台体系化步骤

通过一系列的研究，笔者建议，自上而下地将现有产业供应链金融平台体系化，通过区块链等新技术打通各个平台，设定监管节点加入体系。此举一方面可扩大产业供应链金融业务服务规模，更好地稳定产业供应链，有效支持实体经济，另一方面可以通过监管这只“看得见的手”，对当前“看不见的手”主导的产业供应链金融平台市场进行“纠偏”，实现产业供应链金融的健康有序发展，并可为建设全产业供应链基础设施打下基础。

第一步，建立行业供应链金融平台体系。

单一企业可以向众多下游客户供货，也可以采购多家供应商的产品，我们把各家企业按照购销关系相互连接，就会发现企业之间会形成一张网状结构。如果再仔细观察，就会发现在这张网状结构中，同行业企业之间购销关系发生金额更大，发生频次更高，因此企业供应链关系是具有较强的行业属性的。

产业供应链金融平台体系化的初级目标，应是在各个行业内部建立行业供应链金融体系，将同行业内各个核心企业运营的供应链金融平台进行互联，具备该行业小微企业资源的第三方运营平台参与互联，同时加入监管节点。

第二步，建立全产业供应链金融平台体系。

如果把行业作为个体，可以发现单一行业可以向众多下游行业供货，也可以采购多家上游行业的产品。我们把各个行业按照购销关系进行连接，同样可以得到跨行业的网状结构。在这张网状结构中，各行业按照产业布局相互关联，各产业内部和产业之间的关系在这张网状结构中均有所体现。

金融不仅是大中型企业提高市场竞争力的有力工具，更是大多数小微企业的痛点。因此，以解决企业金融问题为契机，整合并完善全产业供应链体系基础设施，辅以监管这只“看得见的手”，更有利于产业供应链金融健康发展，实现政策预期目标。

第三章　区块链赋能产业供应链金融

第一节　区块链技术在产业供应链金融中的巨大价值

区块链技术是一种全新的分布式基础架构与计算范式，它能利用区块链式数据结构来记录和存储数据，利用分布式节点共识算法来生成与更新数据，利用密码学来保证数据传输和访问的安全性，利用由自动化脚本代码组成的智能合约来编程和操作数据。区块链技术融合了P2P技术、密码学和共识算法等技术工具，是一种按时间顺序连接的数据区块，通过区块之间的哈希值形成一种链式数据结构，并以密码学的方式保护分布式账本的隐私安全，具有去中心化、防篡改、可溯源等特性，各参与主体共同维护同一套账本，系统架构稳定、数据安全可靠、数据流转公开透明。

一、传统供应链金融的弊端

（一）供应链信息孤立

传统供应链业务系统包含核心企业管理系统、金融机构信贷系统、风控系统、征信系统、供应商管理系统、分销商管理系统和供应链运营服务平台等多个业务系统。业务系统之间各自独立、企业之间信息不互通的情况普遍存在，致使各参与主体间信息割裂。加上各参与主体间缺乏统一的数据标准，因此多个业务系统间信息互通的成本很高、效率低下，若要实现多方业务系统的直连交互，则需要耗费大量的人力、财力，来对各参与方的系统进行改造升级。同时，出于对系统安全、数据隐私和自身商业利益的考虑，企业做系统对接的意愿不高。

对于金融机构来说，由于整个供应链存在信息孤立的问题，无法有效判断企业数据的真实性、准确性、合规性，更没有办法实现数据的多方校验，因而信贷风险难以预估，风控难度大大增加，金融机构开展融资服务存在巨大障碍。

金融机构在打通各企业间的业务管理系统，实现信息安全互连、实时同步共享的问题上，亟待推出新的技术解决方案，以实现更安全、更经济、更高效、更透明的数据共享。

（二）核心企业信用传递难度大

供应链金融业务除了依托真实的贸易背景之外，核心企业的信用对满足服务供应链中上下游的中小企业的融资需求，能够起到至关重要的作用。在传统供应链金融业务中，信息孤岛的问题导致企业间交易信息不透明、交易过程不公开、信息不对称，多方贸易信息难以得到有效验证，更没有技术手段来实现核心企业的信用传递问题。因而核心企业的信用，只能传递到极小一部分业务体量较大的一级供应商，而大多数一级供应商、大量二级供应商和绝大多数二级以上的供应商，则无法得到金融机构的资金支持，这在很大程度上减小了核心企业的信用在中小企业融资中的背书作用。

（三）数据中心化管理的隐患

供应链业务的交易流程是环环相扣的，传统供应链金融系统大多采用中心化架构，对参与企业的合同信息、仓单信息、交易信息、交易凭证、发票信息和账户数据进行中心化方式的存储和管理。这种存储和管理方式不仅存在较大的数据安全隐患，而且对于信息的传递和共享，也提出了极大的挑战，同时还隐藏着信任风险。在数据安全方面，容易出现数据丢失的问题，或者因遭受攻击而造成整个业务系统瘫痪，从而影响系统服务的可靠性和持续性；在数据信任方面，由于交易数据由单一企业独立维护，重要数据和敏感数据的原始记录可能遭到篡改，从而导致交易的全生命周期不可追溯、不可信任。此外，在信息的共享和传递过程中，如果参与企业的数据遭到泄露，势必会影响参与主体之间的合作关系，导致合作关系破裂。

（四）数据真实性校验难度大

在供应链金融业务中，由于金融机构不能完全掌握企业的贸易背景，校验核心企业应付账款确权信息和应收账款凭证信息等原因，出于风险管理的考虑，金融机构往往不愿意将资金释放给数据得不到第三方校验的企业。这就导致了一方面企业得不到资金的支持，另一方面金融机构的资金也不能实现高效地流转。为了有效验证数据的真实性和准确性，金融机构往往会对需要融资的中小企业进行调查，调查所花费的人力、物力和时间成本直接提升了资金成本，当上下游企业的融资需求得不到有效解决时，企业的资金链就会愈加紧张，经营也会随之变得愈加困难。

（五）无法有效控制贷后履约风险

在传统供应链金融业务中，二级供应商与一级供应商之间，一级供应商与核心企业之间、核心企业与分销商之间、融资的中小企业与金融机构之间的支付和结算，主要是依托于各参与主体的契约精神和履约意愿。当涉及多级供应商结算时，不确定性因素会随之增多，资金去向管理、资金挪用监管、恶意违约或操作风险都得不到有效控制，而金融机构考虑到获客成本高、坏账率高等情况，往往只会对极少数的优质企业提供资金服务，这对推动供应链金融服务形成了较大的障碍。

二、区块链技术在供应链金融中的优势

（一）破解信息孤立难题

区块链技术利用点对点的通信网络，将核心企业、上下游企业、金融机构、第三方服务机构等参与方连接在一起，将供应链场景中的合同订单信息、产品信息、仓单信息、交收单据凭证和发票信息等多种数据，在节点中进行实时同步和共享。通过区块链技术，所有参与方共同维护同一套账本，数据在各节点间进行存储，具有分布式、实时性等特点，从而可以实现数据的可信流转，这有效解决了传统供应链金融业务的信息孤立和数据存证鉴权等难题，区块链技术搭建了一个多方信任的供应链管理体系和协作平台，有效提升了参与主体的协同效率和交易的安全性。

在数据安全方面，区块链技术采用了对称和非对称加解密技术、隐私保护策略、网络权限管理、数字证书身份管理等机制，交易数据仅对交易对手方和关联机构节点公开，这既保证了数据的实时同步、共享，又保护了企业的数据安全。

（二）传递核心企业信用

区块链网络通过核心企业对资产、债权凭证的拆分和资金流转的确权，可以保证信任在参与主体间能够进行无衰减传播。首先，核心企业产生的债权凭据，可以在区块链网络中，按不同的应收账款额度灵活拆分；在流转过程中，核心企业的背书效用不变，通过有效的全网共识之后，任何拆分行为都会被记录在区块链网络中，且不可篡改，金融机构可以完全信任链上的业

务数据。其次，区块链具有严格的身份认证体系和权限隐私体系，链上所有节点和用户均具有相对应的身份标识，不可抵赖。再次，各参与方不必担心其商业数据在链上被公开或泄露，区块链网络可以通过权限管理保护交易参与方的数据安全，各节点只能看到与其业务相关的信息。总的来说，在保证各参与方数据和资产安全的前提下，区块链网络通过核心企业信用背书，可以实现信用的多级传递。

（三）提高系统的安全性和可靠性

传统供应链金融系统数据中心化存储，不仅带来了较大的数据安全隐患，而且还存在公信力缺失等问题。基于区块链技术的供应链金融系统，数据更新主要基于共识机制与验证机制，各记账节点的数据完全一致；在生成或同步数据的过程中，若某个节点由于物理连接断开、存储设备损坏、通信故障等原因不能连接区块链网络时，区块链网络会在该节点重新接入时自动检查该节点的区块高度，并自动为该节点同步最新数据。同时，分布式账本体系也具备天然的容灾性，可以保障系统的稳定性与可靠性。

（四）构建真实可信的贸易场景

基于区块链技术构建的供应链金融业务系统，具备各节点数据一致、不可篡改、可追溯的特点。该系统不仅能够真实准确地记录企业的身份信息、企业在区块链网络中的权限、企业之间的交易数据，还能够记录各机构对业务流程的查询、下载等操作行为，确保链上合同订单、数据审批、融资申请、企业担保等数据的真实性和可靠性，构建真实可信的贸易场景。

在实际供应链金融场景中，区块链技术不仅能够管理业务协同和交易数据，还能够避免传统业务流程线上申请、线下审批的烦琐，减少交易信息审核、身份核验和信贷流程的办理时间。区块链技术实时、公开、透明、可信的特性，大大提升了各参与方的业务协同效率。

（五）降低贷后履约的风险

参与方线下约定的责任、权利和义务等事项，将在区块链网络中以智能合约的形式展开。智能合约可以保证约定的内容在满足条件时能够自动执行。同时，因为智能合约部署在各业务相关方节点，所以可以避免传统中心化架构业务规则不透明、易被篡改的问题。

基于区块链与智能合约实现的业务规则，在提升业务规则透明度的同时，可以保证业务参与方共同遵守业务规则，从而避免意向或条件达成时，其中一方出现拖沓行为，减少业务摩擦，实现资金流、信息流闭环，推动业务顺利开展。

第二节 基于区块链技术的产业供应链金融系统架构与功能

一、基于区块链技术的产业供应链金融系统架构

基于区块链技术的产业供应链金融业务系统，整体架构自下而上可分为基础设施层、节点管理层、区块链服务层、应用层。

基础设施层包括本地物理机和云主机等基础硬件设施，同时还包括私有云、公有云或云服务器等，基础设施层可为区块链网络提供计算资源、存储资源和物理通信接口，保障区块链基础设施安全稳定地运行。

节点管理层主要用于对区块链网络提供集群管理，主要包括对共识节点、记账节点的管理，节点权限管理，区块高度管理，交易列表管理，交易对手管

理等。

区块链服务层主要包括权限控制、区块归档、共识服务、日志管理、预处理器、加解密、合约管理、日志接口等功能模块，用于为应用层提供多样化的服务。

应用层包括基础应用与业务应用。基础应用包括系统管理、业务参数、业务规则、系统运行、数据管理等功能模块，基础应用是面向特定业务开发的流程模块。业务应用涵盖产品类型与共享服务：产品类型主要包括应收融资、订单融资、预付融资等；共享服务的内容主要包括产品中心、合同中心、账户中心、运营中心、消息中心、风险中心、押品中心、额度中心、用户中心等。

应用层支持与外部系统进行对接，如ERP系统、风控系统、核心系统、企业服务总线等，主要用于保证整个产业链的穿透式管理。

二、基于区块链技术的产业供应链金融系统功能

基于区块链的产业供应链金融系统，利用区块链的技术特点与优势，具备数字身份唯一性、分布式账本一致性、智能合约有效性等特点，所提供的业务功能主要包括身份认证、数字存证、拆分债权、清算履约等。下面就来具体说明各项业务的功能。

（一）身份认证

基于区块链的产业供应链金融服务系统采用了严格的节点准入机制，参与业务的各节点均需要通过身份认证审核，并拥有唯一的链上数字身份。链上业务的操作与执行过程会反复验证用户证书与签名，从而确保交易的合法性，并将每一步操作都记录在链上，以供追溯。

（二）数字存证

由区块链完成贸易相关文件的存储和管理，可以保障各业务相关方的数据一致性、不可篡改性和可追溯性，同时从数据安全、身份安全、通信安全、机构安全等多个维度进行安全加密，对访问权限进行有效控制，从而保护各方隐私。

（三）拆分债权

在供应链金融业务中，债权的确权是由交易合同项中的核心企业向上游一级供应商做出的，债权应收应付合约共识生效之后，相关数据会自动写入区块链中。在核心企业信用及相关记账凭证的逐级传递过程中，二级及以下供应商在有效额度内也可以得到相应的债权凭证，从而向金融机构提出融资申请。

在区块链技术的实现过程中，交易规则由智能合约固化，交易过程由各参与方背书，债券拆分过程及凭证则被全部记录在区块链共享账本中，一旦出现债权纠纷，就可以利用区块链的存证及业务溯源的优势，实现供应链全生命周期的债权溯源及责任划分。

（四）清算履约

使用智能合约技术，可以将区块链协议与自动执行甚至自我强制履约的契约条款相结合。智能合约按照预定的时间表，在债券的偿还期内自动向指定的所有者执行支付操作。在此过程中，一旦智能合约满足条件被触发，就将自动进行资产清收。上游各级供应商将按照各自所持的债权凭据收取应收账款。区块链的智能合约技术能够实现安全、实时的资金清收，提高债务清收效率，避免企业间坏账、烂账等问题，从而降低金融机构的贷款风险。

第三节　基于区块链技术的产业供应链金融信用机制

企业信用构建作为一个多主体参与的复杂适应活动，如何实现各主体之间的信任成为企业信任机制建立的关键，而区块链技术恰好能够解决多主体之间的互信问题。因此，本节基于演化博弈仿真结果，借助于区块链技术的分布式存储、信息公开化、不可篡改、去中心化、智能合约等优势，从信息存储机制、信用共享机制、信用管理机制三个方面入手，构建基于区块链技术的产业供应链金融信用体系。

一、信息存储机制

（一）信息存储机制的内涵

区块链的分布式存储、不可篡改等特点，能够使供应链上的数据可信、安全、透明，在对供应链上用户进行信用识别时，能更好地识别风险，提高风险识别率。此外，区块链上的单证能够大大降低成本，使得可节省成本系数增加。由仿真结果可知，随着风险识别率和可节省成本系数的增加，金融机构会向“运用”的稳定点演化，中小企业会向“守约”的稳定点演化。因此，产业供应链金融信息存储机制可建立在区块链之上。

区块链作为一种数据结构，为供应链金融提供了一种新型信息存储方式。该数据结构由一个个小的数据块组成，数据块里包含用户的所有活动记录，成为最佳信息载体。该数据结构基于分布式存储、共识机制、加密算法等技术确保数据的安全、可靠、透明、完善。

具体有以下几点表现：①以密码学技术为支撑，区块链上的用户不管是公布自身信息还是获取其他用户信息，都必须设置相应的密码，当公布自身信息时，可运用“私钥”对其授权，其他用户想要访问信息时，要通过“私钥”进行访问。用户之间通过密码进行相互验证，获得相关信息，信息上链之后便无法被修改，进一步保证了信息的安全性。②以分布式存储为支撑，区块链上信息公开，所有节点都存储信息，信息完整无遗漏，并受到监督，当用户之间进行交易时，所有节点都会记录交易信息，当一个节点或几个节点被控制伪造信息时，其他节点不会改变，被控制的节点也将无法改变，不会产生安全问题，分布式账本这一特点使得区块链上的信息可靠、透明。③加密形式形成不可篡改的单证，大大降低管理成本，用户共同确认的形式杜绝作假行为，无需经过层层审查，大大降低操作成本。在信息存储机制下，首先对核心企业来讲，能保障其票据的真实性和有效性；其次债权权证无法造假，流转时真实有效；最后将供应链核心企业、各级供应商、金融机构等各参与机构的信息登记在分布式账本上，确保贸易数据、融资数据、债权关系数据不可篡改，从而建立一个可靠可信的产业供应链融资生态。

（二）信息存储机制的通道

为了降低产业供应链上中小企业的违约概率，使供应链上的金融信任度增加，使供应链上的信息安全、可靠、透明，可基于联盟链，构建信息存储机制。机制包括三个通道，分别是A链、B链和C链，分别存储着供应链上所有交易用户的基本信息、交易信息和信用信息，将这三种信息分离来保护账户隐私。这三个链条将联盟链分为三个部分，各个部分之间相互独立但联系密切，与前一条链的模式相比，各种信息更加一目了然，更有利于链上信息的管理。

A链用来存储供应链上交易用户的所有账户信息，负责账户创建、上传账户和账户更新等任务。包括信息录入、产生公私钥、将信息加入区块链、对账户使用的金额进行锁定等功能，传统区块链虽然对账户的安全性进行保护，但非对称加密技术仍有缺陷，使得当交易出现问题时，不能明确交易主体，交易主体隐藏，交易无法控制。在新的信息存储机制下，在创建新的用户时，需要在链上创建对应的区块链用户，并将生成的公钥和私钥都存入区块链账本中，区块链上的交易用户都可以下载账本，并利用公钥查看用户的相关信息。

B链用来存储供应链上交易用户有关交易的所有信息，是用来交易和结算的通道。由多个节点共同组成一个B链，B链不保存交易双方账户信息，只是在需要的时候从A链获取账户信息。当交易完成后，B链更新账户信息（通过插入新记录的方式进行更新，原有的记录不能更改），同时，将交易打包成区块链加入分布式账本中。

交易过程中，交易主体将实际的货物放入智能运输箱，智能运输箱能够实时记录货物的情况，如货物数量、货物质量等。首先，交易的卖方主体将货物放入智能运输箱，智能运输箱将此时的货物情况记录下来，并且将货物信息发送到区块链的该合约上；其次，货物运输过程中，智能运输箱也会定期对货物情况进行记录，并发送到区块链的该合约上；最后，当货物被交易的买方主体接收时，智能运输箱也及时将货物的接收情况记录下来并发送到区块链的该合约上。交易完成后，该设备进行签名，区块链账本信息及时更新，智能合约中的代码根据区块链上的信息记录自动运行，运行完毕后，交易用户也会进行相应操作。

C链用来存储供应链上交易用户有关信用的所有信息。信用信息包括原始信用信息和交易信用信息。其中原始信用信息需要与政府部门、银行、金融机构等权威机构实现信用互联，能够获得准确的交易用户信用值，并及时更新；交易信用是在交易用户完成每笔交易后实时更新。不管是原始信用还是交易信用，当总的信用发生改变时，C链上的信用值会实时更新改变。

这三种区块链模型保证了区块链的可扩展性，因为每种类型的区块链只关注一个功能，通过将不同的功能分离到不同的区块链，系统变得可扩展和可管理，加快了交易处理的速度。

二、信用共享机制

（一）信用共享机制的内涵

区块链技术分布式账本的特点能够使产业供应链金融体系构建多主体合作协调机制，构建全局信任联系，实现信任打通，链上尾端企业也能进行融资，获得一定的信任额度，这意味着供应链上的各层级节点企业不断增加，使得区块链上的使用成本减少。由仿真结果可知，金融机构在运用区块链技术后，平摊在每笔交易的初始成本及每笔交易的信息维护成本会降低，这使得金融机构会向“运用”的稳定点演化，中小企业会向“守约”的稳定点演化。因此，产业供应链金融信用共享机制可建立在区块链之上。

供应链金融的产生是为了解决中小企业融资难的问题，但是供应链金融只能解决距离核心企业最近的一、二级供应商的融资问题，还是无法照顾到供应链上的尾端企业。形成这一现象的原因是供应链上中小企业融资依靠的是核心企业的信用，而核心企业大多数情况下只会与最近的一、二级供应商进行交易，而不与其他中小企业直接交易。这就导致核心企业不了解其他中小企业，不熟悉中小企业业务情况以及债务的偿还能力，无法为中小企业进行信任担保，信任无法传递。中小企业无法获得商业承兑汇票，难以获得核心企业信任背书，无法进行融资。

随着供应链金融用户的不断增加，供应链金融链条不断增长，单个企业的融资额度不断加大，进一步阻碍了供应链上核心企业的信任传递，无法建立供应链上的整体信任关系，金融机构面对中小企业融资束手无策，处境尴尬。区块链去中心化以及分布式账本的特点使得供应链上没有核心企业，供应链上所有的企业都是地位同等的。区块链有助于建立全局信任关系并实现信任传递，具体表现如下：

1.构建全局信任关系

供应链金融是极具中心化的，核心企业发挥着总的支配作用，金融机构大多数只认一家核心企业，对中心企业提供融资都是依靠这家核心企业进行的。供应链上的用户形成了独特的结构，区块链根据这一结构模式进行分布式布置。在分布式账本下，数据可以实现共享，不用由核心企业维护，而是全部企业通过共识机制共同维护的，供应链上任何用户都无法做任何损人利己的行为，只能做利人利己的行为，企业之间彼此信任。区块链建立了企业对企业的关系，简化了烦琐的业务流程，为供应链金融做强有力的信任补充。

2.实现信任传递

区块链能够实现供应链金融上信用的多层次拆分传递和价值转移。传统供应链金融上，商业承兑汇票是无法进行拆分的，必须使用应收账款，应收账款债权会随着供应链链条的增长、企业的增多而逐渐减弱，核心企业的信用传递受到阻碍。供应链融合区块链技术后，核心企业信用传递的模式被废弃，各个企业的应收账款都可被公布在链上，能在法律监管下合理转让、清算。区块链有助于建立企业和企业之间的信任关系，克服单个企业融资的弊端，使得越来越复杂的业务模式逐渐简化，构建全链条信任关系。

在具体的应用场景下，一级供应商获得应收账款后进行登记确认，二级供应商向一级供应商发起转发申请，二级供应商向金融机构发起融资申请，金融机构审核，二级供应商确认收款。同时也可以用通证来拆分传递核心企业信用。通证就相当于核心企业的信用背书，代表着中小企业自身信用较好，与核心企业具备合作关系。供应链上的企业不管是一级供应商还是尾端企业，只要有通证，就可以利用核心企业进行融资，进行一系列的交易活动。

因此，在信用共享机制下，基于分布式账本登记的可信数据，构建一种多级贯通的融资机制与信任机制，确保金融机构可以快速、准确地核查核心企业、各级供应商的经营情况和贸易情况，对每一笔应收账款和融资进行溯源追踪，从而实现信用打通，进而解决二级供应商，乃至多级供应商的授信融资困境。另外，可以实现供应链中上下游企业资金融通的需求，帮助中小企业解决传统金融服务难以覆盖的问题。

（二）信用共享机制的操作流程

为了打通传统供应链上的信用壁垒，使核心企业信用能够在多级供应商之间流转起来，使供应链尾端企业也能获得融资，提高资金融通效率，可基于联盟链，构建信用共享机制。机制包括多级经销商、供应商、核心企业以及保理公司和担保公司，围绕多个核心企业而设计。

多级经销商全单支付给核心企业后，多个核心企业均可将链上的确权凭证拆分流转，直至链上尾端企业。比如核心企业获得200万的融资，自己本身需要100万，则核心企业便可将剩下的凭证进行拆分，若一级供应商仅需50万，则可继续将剩下的50万拆分，若二级供应商仅需20万，则可继续将剩下的30万进行拆分，以此类推，而且本信用共享机制下支持多个核心企业，供应链上便会有更多的中小企业获得融资。

以二级供应商申请融资为例，该机制下具体的操作流程如下。

①一级供应商申请原始商证。

一级供应商在区块链供应链金融平台上填写单据信息与商证信息，以便向核心企业申请商证。区块链供应链金融平台将申请商证的信息记录在区块链上，并向一级供应商反馈上链的记账信息，使其确信该信息已经被多方所认知，且不可篡改。

②核心企业审核并签发一级供应商的原始商证。

核心企业角色在区块链供应链金融平台上审核并签发一级供应商的原始商证。区块链供应链金融平台将商证的签发信息记录在区块链上，并向核心企业反馈上链的审核信息，使其确信该信息已经被多方所认识，且不可篡改。

③二级供应商向一级供应商发起商证转发申请。

二级供应商角色在需要借助一级供应商的信用进行融资的时候，在区块链供应链金融平台上选择可用的商证，向一级供应商发起商证转发申请，以便获得一级供应商的商业信用。区块链供应链金融平台将商证转发的信息记录在区块链上，并向二级供应商反馈上链的申请信息，使其确信该信息已经被多方所认识，且不可篡改。

④一级供应商审核商证转发申请。

一级供应商角色审核二级供应商的商证转发申请并通过。区块链供应链金融平台将审核成功的信息记录在区块链上，并向一级供应商反馈上链的审核信息，使其确信该信息已经被多方所认识，且不可篡改。

⑤二级供应商向金融机构发起融资申请。

二级供应商角色在一级供应商授权商证转发后，向金融机构发起融资申请，以便借助一级供应商的信用从金融机构获取融资。区块链供应链金融平台将融资申请信息记录在区块链上，并向二级供应商反馈上链的融资申请信息，使其确信该信息已经被多方所认识，且不可篡改。

⑥金融机构审核二级供应商的融资申请。

金融机构角色在区块链供应链金融平台上审核二级供应商的融资申请。区块链供应链金融平台将审核信息记录在区块链上，并向金融机构反馈上链的融资申请审核信息，使其确信该信息已经被多方所认识，且不可篡改。

⑦二级供应商确认收款。

二级供应商在区块链供应链金融平台上核实到款信息，并确认收款。区块链供应链金融平台将确认收款的操作结果记录在区块链上，并向二级供应商反馈上链的确认收款信息，使其确信该信息已经被多方所认识，且不可篡改。

⑧金融机构冻结商证。

金融机构在区块链供应链金融平台上查找与贷款相关的原始合同下的商证，并将此商证冻结。区块链供应链金融平台将冻结商证的操作结果记录在区块链上，并向金融机构反馈上链的冻结商证信息，使其确信该信息已经被多方所认识，且不可篡改。

⑨核心企业上传付款凭证。

核心企业在区块链供应链金融平台上传付款凭证，以表示已对商证进行兑付。区块链供应链金融平台将上传付款凭证的操作结果记录在区块链上，并向核心企业反馈上链的上传付款凭证信息，使其确信该信息已经被多方所认识，且不可篡改。

⑩金融机构确认付款。

金融机构在区块链供应链金融平台上核实来自核心企业的付款，并确认该付款。区块链供应链金融平台将上传付款凭证的操作结果记录在区块链上，并向金融机构反馈上链的确认付款信息，使其确信该信息已经被多方所认识，且不可篡改。

三、信用管理机制

（一）信用管理机制的内涵

区块链智能合约的特点，使得当供应链满足交易条件时，自动执行条款，具有自动性和强制性，当一方违约时，智能合约将自动对违约一方进行惩罚，使违约一方遭受违约损失。由仿真结果可知，随着违约损失的增加，金融机构会向“运用”的稳定点演化，中小企业会向“守约”的稳定点演化。因此，供应链金融信用管理机制可建立在区块链之上。

基于区块链的供应链金融信用管理机制以智能合约为支撑，实现对风险的完整监控。目前我国对供应链金融的监管一般缺乏主动干预，尚未从上层建筑方面对供应链金融进行制度规定，现有的制度也缺乏相应的实施细则。此外，由于供应链上企业类型较多、层次较广，供应链提供的金融服务也多种多样，企业风险意识参差不齐等因素，供应链金融风险监控效果会降低。

区块链智能合约的优势使其能够更好地与供应链金融融合，与供应链金融资金配置和交易执行有很好的契合度。智能合约将交易双方约定好的合约内容以代码的形式写入区块链中，当满足交易条件时，智能合约会自动执行，若交易一方出现违约的情况，智能合约也会强制执行，来保障被违约方的合法权利。智能合约能够将供应链上所涉及的信息都用数字代码进行表示，对资金和债券进行严格管理，能够有效避开人为干预的情况，省去不必要的审核流程，有效降低成本，提高效率，更好地把控风险。

在区块链技术下，供应链金融能够实现穿透式监管。在传统供应链金融中，造假行为时有发生，比如应收账款造假等。将供应链上的资金流程进行穿透式监管，能打破资金无法全流程公开透明的情景，确保资金来源等真实、可靠。在区块链下，随时都可检查信息，实现实时监管、严格监管。

因此，建立信用管理机制，在信用管理机制下，利用智能合约的优势，对企业的准入、合同的构建和合同的执行三个方面进行分析。当交易双方签订合约后，会将合约的相关内容全部以数字代码的形式存入区块链，写入智能合约中。当满足合约条件时，合同自动执行，完成结账，当出现质押融资的情况时，会自动进行质押品情况核实，这一过程能减少人为操作，降低人为破坏的概率，加强了对供应链金融的安全管理，实现对客户财务信息的自动化审计、对企业经营行为的实时穿透式监管，从而进行金融风险控制及管理，减少人工操作过程中的失误和不可规避的风险。

（二）信用管理机制的组成模块

为了更好地对供应链金融进行管理，提高交易效率，把控风险，可基于联盟链，构建信用管理机制。该机制包括三个模块，分别是企业准入模块、合同构建模块、合同执行模块。三个模块相互协作，最终使得智能合约顺利执行。

1.企业准入模块

企业准入模块是基础，该模块对供应链上的交易主体进行身份识别和认定，该模块下，所有交易主体都是实名制，一个交易主体对应一个交易账号，只有通过身份识别和认证的交易主体才能获得相应数字证书。

在该信任机制下，用户要想在供应链上进行交易，必须先通过企业准入模块的验证，验证成功后，用户会获得企业准入模块分配的公钥，该公钥会与用户信息进行绑定，同时企业准入模块也会为该用户签字，形成数字证书，用户拿到数字证书后可随时检验。

2.合同构建模块

合同构建模块是主体。该模块包括信用值评估和信用价值抵押两个部分。

首先，该模块根据信息存储里所存储的有关交易主体的账户信息、该交易之前每一笔交易信息和之前所有信用信息对交易主体进行信用值评估，将所有信息全部写到该模块的数据库中，经服务器的计算得到该交易主体的信用值，并将该值记录在存储信用信息的C链上。

其次，在信用值评估完成后，将进行信用抵押。基于交易主体的信用值和其参与交易的金额，计算出其相对应的信用价值。由于在交易中已经提前写好交易抵押资产，该信用价值便可对抵押资产进行抵扣，并写入智能合约中，完成合同构建。在交易主体创建智能合约时，因资金短缺而无法写入足够的交易资金时，需用抵押资产弥补，此时可将交易主体的信用价值写入智能合约，一方面可减少抵押资产，另一方面能够充分发挥信用价值的作用，提高资产流动性。

3.合同执行模块

在合同构建完成后，便是合同执行阶段，在执行过程中，分为两种情况。第一种情况较简单：当交易结束，交易双方都能守约，智能合约成功自动执行时，写入智能合约的抵押资产会自动回到交易主体原账户。第二种情况较复杂：当交易结束，交易主体存在违约现象，智能合约没有成功自动执行时，写入智能合约的抵押资产便被抵扣，赔偿给被违约方。具体流程是当出现违约时，违约方若能够主动交付违约金，且违约金足够的情况下，抵押资产会回到违约方原账户；若违约方不能主动交付违约金，则其名下所有的账户中，资产将会被冻结，直到还清违约金为止。抵押资产将会按照法律程序被拍卖，拍卖所得若超过违约金，则将全部违约金补齐后，将剩余的金额还给违约方，若拍卖所得无法足额偿还违约金，则取消违约方的交易资格，将其列入黑名单，等违约金全部还清后方可重新进入。并告知全网其违约行为，警醒与其有交易或者将要发生交易的企业，降低不必要的损失。同时也能提高链上交易主体的守信概率，更好地把控风险。

第四章　农业供应链金融的创新发展

第一节　农业供应链金融创新的必要性及特殊性

一般而言，农业供应链描述的是产前的农业生产资料采购、产中的农产品的种植以及产后的农产品加工、销售和消费等环节。针对农业供应链的特点，其涵盖的市场主体一般包括农户、专业合作社、农资销售企业、加工企业、物流企业、大型批发配送中心、批发市场或者大型零售超市。在我国现实的背景下，农业供应链除了被描述成农业“增值链”，还具有以下两种功能：

一是化解成员之间的信息不对称问题。一般而言，农业供应链的参与主体之间不仅可以获得财务信息等显性的信息，而且可以获得品格、能力乃至利益互动等隐性信息，成员间的信息透明度很高，这也是传统经营模式不具备的新特征。

二是强化了供应链成员的信用能力。随着供应链参与主体间相互投资的增加、资产专用性的提高以及龙头企业“品牌效应”的形成，成员间形成了互惠互利、合作共赢的局面，供应链内的经营主体实现信用共享、责任连带，改变了传统的分散经营主体的信用能力，这对于提升游离于正规金融体系外部受到长期“排斥”的经营主体的信贷可得性具有重要的推动力。这也是立足农业供应链，进行金融创新的重要理论前提。

农业供应链金融创新是金融创新的重要体现，它通过运用一种“新生产函数”解决农业领域的“融资难、融资贵”的问题，以实现风险分散和互利共赢。

同制造业相比，农业供应链本身存在诸多特殊性，不能简单照搬传统的工业供应链金融模式，应针对农业供应链的特殊性“有的放矢”地设计农业供应链金融产品和实施农业供应链金融创新。

一、农业供应链金融创新的必要性

产业经济学的基本理论已经揭示，任何产业同其他产业之间都存在着前向关联或者后向关联，农业也不例外。作为国民经济社会中的“基础性”产业，农业呈现出多部门、多环节相互联系、相互制约的联结形态，涵盖多个上下游产业。一方面，从农业产业外部来看，农业产业的顺畅发展离不开其上下游产业的发展与支撑；另一方面，上下游产业的可持续发展也与农业发展之间存在着密切的关联，当然这也是产业发展的内在规律的体现。尤其是随着我国改革的深化、经济发展阶段的转型以及“四化”同步战略的协同推进，这种牵制性会越发明显。可以说，在新时期，农业融资难的问题将上升至全局战略，进而会影响整体产业的发展。此外，从农业产业内部来看，农业供应链的发展，使分散经营的农户、龙头企业、农民合作社等农业供应链的利益主体间的利益连为一体。具体来说，在传统分散经营的情况下，农户自担风险、自负盈亏，其生产一般处于一个封闭的单循环链条中，同其他经营主体间的联系较少。但是随着农业产业化的发展以及新型农业经营体系的构建，各利益主体连为一体，开放的、多循环的、多路径的“农业供应链”形态将取代封闭的、单循环的、单路径的链条，农户的生产行为将直接制约着农业和整个农业供应链上的相关利益主体的发展，如生产资料的供应商、农户、加工商、销售商乃至批发商都通过农业供应链形成了合作共赢、利益共享的良性格局。

发展格局的转变，也改变了农业经营管理主体的融资需求。在农业价值链的参与主体中，每个主体都具有融资需求。这一点也是在设计工业供应链金融产品时的初衷。随着农业产业化的推进，农业组织形式不断强化，利益联结形式不断丰富，农业产业链不断拓展，各类型的农业供应链也不断涌现，农业的特色性、效益性不断凸显。随之而来的就是农业整体经营格局的转变。从某种意义上来说，农村的金融机构及农业价值链的参与者都可以成为农户生产资金的供给者。传统上针对单一农户和单一经营个体的“点对点”的模式稍显落后，农业依托价值链供给金融服务成为必然。农业供应链金融就是将资金金融因素注入供应链中，通过金融因素来保障农业供应链不会因为资金的不足而运行不畅，从而实现产业与金融融合运行、产品流与信息流的协同提高、物流与资金流的并行发展。农业供应链金融主要通过向“农业供应链”打包整体金融服务的方式提供支持农业发展的整体性、系统性金融方案，全面提高农业产业效益。当然，这种模式更为重要的意义是落实了以“实贷实付”为核心的信贷管理要求，有利于化解供应链环节中“弱势群体”的融资需求。如实践中运行的“1+N”模式就是通过农业供应链中的核心企业的信用传递，实现了中小型农业企业和农户的融资需求，实现了信用转化，而且增强了商业信用和实现供应链环节企业的战略协同。可以说，在农业转型升级和发展阶段转化的背景下，依托供应链打包整体金融服务是必然选择，也为农业供应链中的弱势群体的融资提供了新的指引和方向。

二、农业供应链金融创新的特殊性

受工业供应链和农业供应链本身发展属性的不同，农业供应链金融创新和现有的典型供应链金融创新是不同的，农业供应链金融创新不能照搬典型供应链金融创新模式。为此，笔者认为，农业供应链金融创新的特殊性主要体现在其立足现实的特殊性、风险的特殊性和创新目的的特殊性三个维度。

（一）农业供应链金融创新立足现实的特殊性

按照上述分析我们可知，供应链金融的产生和物流金融间存在密切的关系，所以其立足的现实实际是工业领域的社会化、规模化大生产，基本上不存在分散经营的情况，因而在这样的前提下，供应链金融才能孕育而生，可以说这是金融机构自身进行“市场挖掘”而形成的自然演化过程。但我们反观农业供应链金融创新，其立足的现实与工业领域是完全不同的。它所面临的现实是农业分散经营占据主导地位。虽然我们国家通过政策扶持和市场干预等手段，加快推进农业的适度规模经营发展，但整体来看，现实中农业家庭分散经营的格局并没有发生大的变化，而且在相当长的时间内，这种格局还可能呈现一定的稳定性，因为制度变革本身需要一定的时间。因此，在这样的现实约束下，农业供应链金融创新很难形成涉农金融机构的自然演化格局和成为金融机构“自我选择”的结果。因此，面临这样的现实约束，如何调动金融机构进行农业供应链金融创新的热情，就是后续管理中亟待考虑和无法回避的重要问题。

（二）农业供应链金融创新风险的特殊性

农业供应链金融创新风险的特殊性主要源于农业供应链本身的特殊性和农业产业的特殊性两个层面。具体来说，从农业供应链自身的属性来看，农业供应链同制造业的供应链之间的显著不同之处就是，农业供应链的稳定性和利益协调性较差。如以“公司＋农户”为例，虽然这种方式在某种程度上化解了“小农户”与“大市场”间的矛盾问题，但始终面临的一个重要的问题就是如何解决二者之间的利益分配问题。由于缺少相应的制度保障机制，公司和农户在面临市场波动的时候都存在违约的可能性。当农产品价格上涨的时候，农户基于自身收益最大化的原则，往往不愿意按照原先制定的“远期合约”执行标的价格，因而其违约的可能性就会增加。当农产品的市场价格下跌的时候，尤其是在某些“暴跌”和非预期性的年份，公司出于“利润最大化”的原则，违约的可能性大大增加。因此，这种方式本身就是非稳定性的。但总体来说，由于公司在二者的谈判中处于“强势地位”，在历次的违约中，利益损害最大的仍是农户。

若无视这些因素，进行农业供应链金融创新的风险性可想而知。另外，从农业产业本身的属性来看，农业生产本身是生产风险、市场风险以及自然风险多重交织的产业，其生产周期长、季节波动性大和应对风险的“弱质性”突出等问题十分严峻，因而使农业在融资过程中的信用风险、流动性风险和市场风险较大，融资数量、期限、偿还方式等都与工业存在较大的不同。这是传统的工业供应链金融创新所不具有的风险表现形式。换言之，农业供应链金融创新不但具备传统供应链金融的风险特征，还掺杂着农业供应链和农业产业的风险特征，体现的是多重风险的交织。这是金融机构在创新农业供应链金融中必须考虑的问题。

（三）农业供应链金融创新目的的特殊性

从国外的供应链金融发展经验以及创新实践可知，供应链金融创新的主要目的是满足和解决供应链上的薄弱环节和处于弱势地位的中小企业的融资需求。但农业供应链金融的需求主体决定其创新的主要目的应是解决农户的融资难问题。具体来说，比如在我国推进的农业产业化进程中，各类涉农经济组织涌现的主要目的是解决“小农户”与“大市场”的矛盾，起到了中介和桥梁的作用。因此，在农业供应链中这类组织处于谈判的优势地位；相反，农户则处于相对弱势地位。而且与工业领域的供应链不同的是，农业供应链中的生产环节的作用至关重要。鉴于此，农业供应链金融创新的主要目的也是满足农业生产环节的农户的融资需求。以上是农业供应链金融创新目的的特殊性。此外，应建立商业银行与新型机构的合作机制，以发挥商业银行的资金优势和新型金融机构的支农效率和服务方式多样的优势，增强支农合力，满足农业供应链上多维度资金的需求。

第二节 农业供应链金融创新的原则与总体思路

相比于传统的金融创新机构范式、服务理念和支农体系，农业供应链金融创新表现出一定的差异性，它并不是农业产业的“单兵作战”，而是需要市场与政府协同配合、多方主体合作互动、多种制度安排同时跟进才能完成的。当然，它同以往的金融产品也存在许多不同之处，农业供应链金融创新是在农业产业化推进、农业新型经营体系建设的现实背景下，金融中介组织所做出的自发性调整，这种调整顺应了农业适度规模经营和农业现代化的发展趋势。

一、农业供应链金融创新的原则

从某种意义上说，农业供应链金融创新是在市场驱动下进行的。从实践层面来看，无论是涉农金融机构还是非涉农金融机构都不约而同地对农业供应链金融进行探索并取得了一定成效。但是，同其他产业的供应链不同，农业供应链金融创新呈现出诸多的特色。若无视这种特色，盲目地进行农业供应链金融创新可能会存在一定的风险。为此，在农业供应链金融创新的过程中应坚持一定的原则。概括起来主要有：特色性原则、普惠性原则、需求性原则、监管性原则。

（一）特色性原则

供应链的思维发端于物流之上的先进管理模式，旨在降低交易成本和提高用户的服务水平。农业供应链则是供应链在农业领域的具体体现与运用。但农业供应链和其他产业链是不同的，其发育程度、竞争性与市场化改革、农业产业化推进、农业分工的深化存在密切的关系。这一点可以从发达国家的发展轨迹中探寻到踪迹并寻找到支撑。但从我国实践情况来看，我国农业仍处于传统农业向现代化转型、蜕变的初级阶段，农业供应链建设仍处于初级阶段，且受制于分工因素，农业供应链同制造业的供应链相比，在结构层面存在明显的特殊性与独特性。具体表现在以下几个方面：

①在“供应端”，农业供应链和制造业存在明显不同。一般而言，制造业的“供应端”主要是以其他形态呈现出来的，而农业产业的供应端则是由家庭分散经营的“农户”构成的，因而相比于制造业，农业供应链中的“利益衔接”更为不稳定。

②核心企业的不同。在农业供应链中，加工企业是供应链中的核心企业并且拥有技术优势和信息优势，这与制造业有显著不同。当然，正是这些特点，决定了农业供应链金融创新的目的和要解决的问题是不同的，农业供应链金融创新不能简单地照搬一般供应链金融思想，而应结合农业供应链特点，充分体现差异性、特色性。

（二）普惠性原则

普惠性也是农业供应链金融创新所依据的重要原则。之所以提到普惠性，主要是对传统金融的反思。农业供应链金融创新的普惠性就是要让所有农业供应链参与主体能平等地享受金融服务，进而公平地获取信贷机会和融资渠道。当然，农业供应链金融的实施内涵就是体现普惠金融的思想。随着农业现代化的推进和农业社会化服务体系的健全，新型农业经营主体逐步演化和成长为我国农业经营体系中的重要一员，并在推进农业现代化的过程中起到了重要的作用。但是从我国农业经营体系的发展现实来看，以家庭经营为基础进行分散经营的小农户仍会在我国农业经营体系中占据较大的比重。因此，农业供应链金融创新也应以此为现实起点，从某种意义上说，这是农业供应链金融创新的主要目的和初衷。但从金融中介组织的角度来看，也应正确看待新时期农户的变化。在传统金融体系下，农户因为缺少相应的抵押担保，财务能力有限，无法获得金融服务，但随着新型农业经营体系的构建以及农业现代化的发展，农民同新型农业经营主体通过供应链实现了利益联结，议价能力、谈判能力和财务能力都显著改善。具备依托农业供应链的系统性、完备性金融服务的现实基础和前提条件。综上所述，在进行供应链金融产品设计的时候，应始终坚持普惠性原则，尤其要考虑农户的金融服务需求能否得到满足。

（三）需求性原则

需求性原则体现的是农业供应链主体对于创新产品的接受程度。从某种意义上说，金融创新的效果完全取决于此。唯有融资者接受并长期使用的金融产品才是成功的金融产品，才会给银行带来丰厚的收益。反之，一个不被市场融资主体认可和接受的金融产品或者没有融资主体参与的金融创新品种，不但无法达到市场的预期目标，而且会给银行带来风险损失。农业供应链所涉及的主体众多，基本上涉及农业产业链产前、产中和产后的各个环节。如果按照“大农业”进行细分，则可以分为农、林、牧、渔业的生产经营者。如果按照贷款的主体划分，则主要包括龙头企业、农民专业合作社、个体工商户，专业协会、加工企业、终端消费者等。如果按照农业供应链上各市场主体的性质，还可以划分为产前的原材料供应商、产中的生产商、产后加工商、销售商等。从中可以看出，农业供应链所包含的主体内容是多维的、具有层次性的。这也就决定着农业供应链金融创新应体现各主体的需求并要充分考虑其差异性，进而针对不同的供应链组织形态，创新不同农业供应链金融产品，以满足不同的农业供应链形态下的金融服务需求。

（四）监管性原则

农业供应链金融改变传统金融服务供给的单笔监测、单笔考察和“自上而下”的“点对点”的支农框架。农业供应链金融依托特色产业和特色产品，通过核心企业的信用共享，捆绑上下游的农业中小企业、农业生产经营主体甚至是消费者，提供系统性的金融解决方案。但任何金融创新都是一把“双刃剑”，由于涉及主体众多，一旦失去控制和监管，将产生不可估量的风险性。农业供应链金融也不例外。事实上，农业供应链金融风险从根本上主要来自农业供应链自身的特殊性和不稳定性。具体来讲，在农业产业组织内部，受制于产权和利益分配机制，龙头企业和农户的利益衔接关系并不稳定，双方都存在不同程度的机会主义行为，尤其是在农业产业化进程的中后期阶段，农产品合约稳定性较差、产业化组织的运行效率并不高。同时，农业合作经济组织正处于起步阶段，在农业产业化以及农业供应链中的作用并未凸显，进而导致了农业产业化组织结构的松散性和运行绩效的低下。此外，从农业合作经济组织内部来看，在优化内部运行机制、提高农民合作意识和落实政府支持政策等诸多方面都需要改善，也正是这些原因使农业供应链参与主体的利益联结机制的稳定性较差，进而使农业供应链金融创新的基础受到挑战。为此，农业供应链金融创新应主动寻求监管，尽可能地降低风险。当然，监管部门也要创新监管方式，转变监管思路，探索农业供应链金融创新框架下的监管方式的创新。

二、农业供应链金融创新的总体思路

在上述分析中，笔者认为依托农业供应链进行金融服务创新，应坚持特色性、普惠性、需求性和监管性的基本原则。但相比于传统的金融服务创新机构范式，农业供应链金融创新是一种全新的构建思路，笔者认为，在实践中应坚持的农业供应链金融创新思路主要有三个：强化政府引导作用、力促多属性金融中介机构联动、以满足农户融资需求为重。

（一）强化政府引导作用

金融创新理论和实践已经充分证明了市场是主导金融创新的主要力量。通过市场机制，新的金融产品、金融工具才会涌现，新的交易方式的效率才会提高。但“三农”发展的特殊性尤其是农业的“弱质性”决定，市场机制在农业金融创新中可能面临功能失灵的情况。农业供应链金融作为农业金融发展与创新的前沿领域，目前仍处于探索阶段，诸多问题还并不明晰。尤其是上述分析中所揭示的“农业供应链”自身所存在的不稳定性和利益联结的薄弱性问题，都是新时期农业供应链金融创新中亟待解决的重要问题。但这也说明，应该充分发挥政府的作用，实现政府与市场的协同配合。其实，发挥政府的作用也是改革开放以来我国农业取得丰硕发展成就、粮食增产增收、农民增收致富的关键所在。从这个维度来讲，必须由政府通过改革制度，通过政府的政策引领与有效的配套制度来激发民族地区的农业供应链金融创新体系。为此，笔者认为在供应链金融服务创新中政府应发挥如下作用：

①构建农村信用体系，化解农业供应链金融服务供给主体与农业经营主体间的信息不对称问题，降低农业供应链金融的交易成本。②完善相应的农业供应链金融创新的风险规避机制，化解传统金融供给框架下的贷款难的问题。③对金融机构创新农业供应链产品实施相应的扶持政策，如减免税收、扩大支农资金再贷款范畴等，调动金融机构创新农业供应链产品和支农的积极性和主动性。

（二）力促多属性金融中介机构联动

农业供应链金融拓展了传统的金融支农框架和内涵。在价值链金融中，正式金融和非正式金融都是满足农业经营主体经营服务需求的重要力量，涉农金融中介组织和非涉农金融中介组织都可以成为农业供应链金融的供给主体。例如，重庆三峡银行是城市商业银行，但在农村金融服务方面有所创新，解决了农业产业链上各环节的资金需求，包括农户生产资金初始投入和农业采购企业收购资金需求等，从中可以看出，在农业供应链创新中，金融中介机构的属性已经逐步淡化了。究其原因，主要是源于农业供应链金融的价值属性切合了各种类型的金融中介组织的逐利性特质。若从金融中介组织的本质角度来看，其也是在市场中追求利润最大化的特殊企业，利润是第一考虑因素。而农业产业恰恰不符合金融中介组织追求利润的前提基础。因此，在传统的支农框架下，农业长期成为金融中介组织涉足的薄弱领域。但是，随着产业化的推进，农业经营主体通过供应链结成利益共同体，不但提高了传统分散农户的组织性，而且实现了利润创造和价值分享，使农业存在金融中介结构涉足的利润基础，也是在这样的条件下，各种类型的金融中介组织都可能涉足农业领域和提供支农服务。因此，在界定农业供应链金融创新主体的时候，不应将其局限为“涉农金融”机构，而应动员所有金融机构的积极性，形成农业供应链金融创新合力，推出更多的农业供应链金融产品，以满足农业的融资需求。

（三）以满足农户融资需求为重

当前，随着我国农业现代化的转型，我国以家庭经营为基础，分散的、小规模的农业生产格局正逐步发生改变，专业大户、家庭农场、龙头企业和农民专业合作社等农业新型经营主体所构成的适度规模经营格局逐步演化为农业生产经营体系中的重要部分，在农业的转型和升级中起到了至关重要的作用。但从现实情况来看，我国农业家庭分散经营的经营格局并不会很快发生变化，仍存在相当长时间的过渡期。虽然专业大户、家庭农场、龙头企业和农民专业合作社相比于农户来说，对于金融服务需求层次、需求力度都更为强烈，且在国家政策导向下，其金融可获性和可得性已经明显提高，金融服务需求已经得到了较大程度满足，而且随着各类新型金融机构的涌现，其融资渠道也得到了拓展，但就目前的农业供应链创新实践来看，满足新型农业经营主体的融资需求仍是农业供应链金融创新的重点。如有些银行的供应链金融创新系列产品就对客户准入条件有了明确规定，其贷款的主要对象是具有一定资金财富积累、农业生产规模经营达到要求的专业大户、家庭农场、农业龙头企业等农业新型经营主体。但事实上，这可能会有悖于我国农业经营体系演化的基本规律，在普惠制金融发展理念下，农业供应链金融创新的关键仍应以满足农户融资需求为重点，农户生产性融资不单单是其自身的问题，还是通过农业供应链直接牵制和制约整条农业供应链的利润创造和竞争力提高的关键所在。所以，农业供应链金融创新的重点仍是满足分散经营农户的融资需求，这也是农业供应链金融产品设计和创新的现实立足点。

第三节　农业供应链金融的创新模式和总体框架

一般来说，在生产合约下，农户提供劳动力要素投入、土地、房屋以及同农业相关的生产设备，合约卖方提供动物饲料、防疫和运输等，农民在其中获得的利益相对较少，因而其自主决策权也相对较小。因此，就目前我国产业化发展中的实际情况来说，这种合约关系在养殖业中较多，在种植业中相对较少。而在市场合约中，在农产品收获或者卖出之前，农民对于农业生产中的要素投入和产出拥有一定所有权，农户主要承担农业生产过程中的生产风险，但与合约卖方共同承担产品的市场风险。在这几种供应链类型中，农业经营主体之间的利益联结的生成机理是不同的。因此，供应链金融创新也应选择不同的模式。

一、农业供应链金融的创新模式

相比于工业领域的供应链模式，由于农业产业的特殊性以及农产品易于腐烂和变质的特性，现今实践中的应收账款模式、应付账款模式和存货模式在农业供应链金融创新中的适用性其实并不高。当然，这也与农业供应链的存在形态有着密切的关系。农业供应链金融创新应另辟蹊径，针对农业发展实际进行模式设计和选择。事实上，农业产业化推进中形成的“供应链”虽然类型多样，但基本上可以按照农户与其纵向协作关系，分为市场交易关系型、一体化关系型和合同关系型。其中，市场交易型主要是指供应链上下游经营主体之间通过市场交易关系实现相互连接和相互衔接，如农业的生产者同加工商和批发零售商之间通过市场而缔结成的交易关系。纵向一体化型主要是指上下游所有农业经营活动全部纳入企业所有权控制之下。其中又分为两种类型：下游供应商从事上游供应商的经营活动或者上游供应商从事下游供应商的经营活动。最后一种是合同型关系，这种关系主要是上下游的供应商通过契约的形式所结成的利益联结关系。

下面就针对上述的供应链类型，阐述不同的农业供应链金融创新模式及相关问题。

（一）市场关系型供应链金融创新模式

在市场关系型的农业供应链中，农业的生产者与下游的加工商或者批发零售商之间形成了稳定的市场交易关系。从农业生产经营主体的角度讲，为了保证其收入的增加和收入水平的稳定性，一般会选择固定的下游加工商或者批发商进行合作。对于下游的加工商和批发商来说，可以稳定农产品货源而且可以减少交易成本。从某种意义上说，他们之间所缔结的这种“市场关系”是十分稳固的。一般来说，在市场关系型的供应链中的农户类型应是专业大户。但现实中，随着市场竞争的加剧以及农业的发展特性，农业生产经营主体与下游的加工商或者批发商在供应链中所处的地位愈发不对等，农业生产经营主体往往处于劣势，加工商或者批发商往往具有强势地位和谈判优势，农业经营主体往往通过“赊销”的方式向下游的加工商和批发商销售农产品，其中存在大量的应收账款。但由于农业生产的周期性以及季节的波动性，农业生产经营主体在农产品的生产过程中迫切需要大量的资金购置农业生产资料、生产设备以及大量的劳力、物力和财力投入。可以说，其金融需求呈现刚性和无法逆转的趋势，这一现象直接影响市场关系的稳定性和可持续性。为此，针对这种供应链类型，应采用“专业大户＋加工商（或批发商）＋金融机构”的方式，以交易中形成的应收账款进行抵押，向金融机构进行贷款来满足农业生产经营主体的融资需求。

一般来讲，在市场型供应链金融模式中，一般包括的主体有：专业大户、金融机构、农产品加工企业或者农产品批发零售企业。但如果银行对专业大户的评估未达到相应的要求，则需要引入担保机构或者提供实物资产进行抵押等。在市场型供应链金融模式下，相应的流程如下：

①专业大户以与农业加工企业、农产品批发零售企业之间的应收账款及相关合同资料向银行申请应收账款融资。②金融机构对应收账款金额进行确认，确认其风险大小。如果风险评估结果未达到金融机构要求，则需要引入担保公司或者提交其他的抵押物等附加条件。反之，如果评估结果达到相应要求，则金融机构就可以确定对专业大户的授信额度并签署贷款合同及相应的应收账款质押合同。③金融机构和专业大户订立合同后，在人民银行征信机构建立的“应收账款质押登记公示系统”办理相应的应收账款质押登记手续。④专业大户在金融机构开立专门的借款和回款账户，同时专业大户将开立的账户信息通知给农业加工企业或农产品批发零售企业。⑤金融机构向专业大户发放贷款。⑥当应收款达到相应的期限后，农业加工企业或者农业批发零售企业直接将相应的款项存入专业大户在金融机构开设的回款账户，用来抵扣和偿还贷款。

（二）纵向一体化型供应链金融创新模式

上述的市场关系型供应链主要是针对新型农业经营主体中的专业大户的，事实上在我国的农业经营体系中，分散的农户仍是重要组成部分，占据较大比重。解决其融资问题也是我们应考虑的重要问题。从我国产业化的实际来看，产前、产中和产后的有关经营实体与农业生产者在组织架构上或在经济利益上进行协作，这不但增强了分散农户的组织性，而且建立了长期稳定的合作关系和利益关系。究其主要原因，是由纵向一体化企业的特殊性所决定的。一般来讲，实施纵向一体化运作的企业，都在相关行业筑起了很高的行业壁垒，使新进入者的交易成本巨大。这就是实施纵向一体化战略的农业企业在原料来源、标准化生产和加工以及集约化管理等方面无可比拟的优势。因而为保证整体供应链的良性运营和向市场提供更好、更高质量的产品，该类企业也就更为重视生产环节的农户的经营状态，尤其注重与生产环节的农民建立稳定的合作关系。当然，这与前文中所提到的市场关系型供应链中各类农业经济组织同农户之间的合作形态是不一样的。在纵向一体化的合作关系中，并不是从农民手中收购农产品那么简单，而是实现合作共赢。综合考虑，纵向一体化的农业供应链类型可以是“金融机构＋纵向一体化企业＋农户”的金融模式。在具体的实践中，农户可以通过其与纵向一体化企业签订的农业订单向金融机构申请质押融资。

相较于前文中提到的市场型供应链的融资主体，此模式的使用对象不但适用于专业大户，更适应于从事订单农业生产的经济组织，当然其中也涵盖分散经营的小农户，这种模式拥有较大的优越性和比较优势。因此，在以纵向一体化型供应链为基础进行农业供应链金融创新的时候，可以遵循如下步骤：

①农户或者新型农业经营主体凭借其与农业一体化企业所签订的农业订单以及其他相关支撑材料向金融机构申请贷款。②农业一体化企业同金融机构签订农业订单贷款的确认函，就农户基本情况、生产资金需求等信息向金融机构进行确认，并根据金融机构的要求提供一定的保证金或者担保。当然，一般

来说，农业一体化企业都是实力雄厚的涉农大企业，信用能力较强，而且其与农户之间的合作关系稳定。因此，在很大程度上，这一担保条款也并不是必需的。③金融机构对客户进行授信，并签署贷款合同等资料。④金融机构审批并发放贷款。⑤农户用发放来的贷款从事农业生产活动或者购置相应的生产资料和设备，并在订单约定期限内将农产品交付给农业一体化企业。⑥在交付农产品时，农产品结算款项由农业一体化企业打入农户指定的专用还款账户，在归还贷款本金和利息后，农户可以自由处置剩余结算款。

（三）合同型供应链金融创新模式

相比于前两种农业供应链形态，合同型供应链在农业产业化的推进中显得较为普遍，这也是我国农业产业化推进过程中，农户与相应的市场化主体间进行合作时最为普遍的利益联结方式。在上述分析中，我们已经揭示了合同型供应链主要分为生产型和市场型两种类型。一般来讲，在生产型供应链中，作为买方的农业产业化企业一般会提供动物饲料、防疫以及运输相关服务，农户的金融服务需求并不强烈，这种在生产型契约带动下的供应链形态，金融创新的动力不足。而这里的市场型合约和上述的市场关系型的供应链也是不同的，前文的农户类别指的是专业大户，而这里主要指的是分散经营农户。从现实的合约构成来看，主要有以下几种途径：

①通过农户同科研单位或机构、种子生产单位签订合同，依靠科研单位的技术优势和种子生产单位的研发和市场优势，形成“科研机构（种子生产企业）＋农户”的模式。②通过农业产业化龙头企业或者加工企业，形成“龙头企业＋农户”的模式。③依托专业批发市场的“大市场”优势，形成“专业批发市场＋农户”的模式。④依托农业专业合作经济组织、专业协会，形成“专业合作经济组织＋农户”的模式。⑤通过与客商、经纪人、经销公司合作，形成“经销公司＋农户”的发展模式。

但总体而言，合同型的供应链与市场关系型供应链、纵向一体化型供应链存在显著的不同，尤其是在风险分散和稳定性方面较前两种供应链形态要差一些。为此，笔者认为应引入政府作用，并强化其在合同型供应链中的角色定位。探索“政府＋龙头企业＋农户＋金融机构”的供应链金融创新模式，以满足农户在农作物生产、加工和物流等方面的融资需求。

这种模式相较于前面几类农业供应链产品，其操作流程就显得较为简单，可以通过龙头企业、农业专业合作社、专业性批发市场、经销公司等农业产业化组织向金融机构提供担保，然后通过政府成立的政策性再担保机构为这些专业经济组织提供再担保服务，农户就可以向金融机构申请融资。这种模式与纵向一体化型供应链金融创新的思路有些类似。具体来说，有以下几点：

①农户或者新型农业经营主体凭借其与龙头企业、农业专业合作社、专业性批发市场、经销公司等涉农经济组织签订的合约以及其他相关支撑材料向金融机构提出融资申请。②龙头企业、农业专业合作社、专业性批发市场、经销公司等涉农经济组织同金融机构签订订单农业贷款的确认函，就农户基本信息、生产资金需求等信息向金融机构进行确认，并根据金融机构的要求提供一定的保证金或者担保。③由于这种供应链类型在某种程度上仍存在较大的不确定性，为了将风险降低至最小，可以进一步由政府牵头和主导成立政策性担保机构对这些涉农经济组织提供再担保服务。④金融机构对农户或新型农业经营主体进行授信并签署贷款合同等资料。⑤金融机构审批并发放贷款。⑥农户或新型农业经营主体还款。

二、农业供应链金融创新的总体框架

依据委托代理理论，上述农业供应链金融创新模式都离不开农业产业链和与农业供应链相关联的委托代理关系，以市场化的方式完全可以通过价值链将农户与农业合作社、农业供应链生产企业和农业供应链金融机构联系起来。以上农业供应链金融创新模式在理论上是可行的，在现实中具有可操作性，但是考虑到我国的国情，以上模式的顺利运行还是离不开政府的参与。而政府参与恰恰解决了我国农业产业、农业供应链和农业供应链金融交易成本过高的问题，完全符合金融创新的交易成本理论。

我国农业发展和农业供应链发展的特殊性以及涉农机构的企业属性决定农业供应链金融的创新如果没有政府的支持，是不可行的。政府的参与能够影响到农户，引导和推动农户发展规模化生产，通过财政补助和生产补贴让农户在农副产品的选择上形成集约效应，最终可以实现农业供应链金融需要的农业产业化基础。也正因为如此，农业供应链金融创新需要政府的参与并通过相应的政府信用和财政政策予以扶持和支持。这样一方面可以调动金融机构创新农业供应链金融模式和服务“三农”的积极性，另一方面可以降低金融机构在农业供应链金融创新时的风险，同时也降低了农户在发展生产时的自然风险和农业供应链上的企业的市场风险。

委托代理理论结合交易成本理论，可以形成新的农业供应链创新框架，这个新的框架也符合功能性金融理论。有了政府的参与，农业产业链与农业供应链和农业供应链价值链可以更紧密地联系在一起，同时让原有的“农户＋农业供应链企业＋农业供应链金融机构”市场化框架，变为“政府＋（农户＋农业供应链企业＋农业供应链金融机构）”的行政市场化总体框架，能够让参与主体更稳固、更高效地组织在一起，形成新的农业供应链金融创新总体框架。政府自身从推动农业生产、经济社会发展、改善和服务“三农”的职责出发，在推动农业供应链金融创新中主要发挥三个方面的作用：

①为农户增加信用。让农业供应链金融创新具备基础，没有农户的信用就没有农业供应链金融的基础，毕竟所有最初的农副产品是由农民创造的。②为农业供应链金融机构提供征信记录。用政府掌握的行政资源将农业供应链生产企业的工商、税收、行政奖惩等各类信息进行整合，为农业供应链金融机构提供完整的征信记录，消除长期困扰“三农”融资信息不对称问题。③为农业供应链金融企业提供财政保障。这样有利于进行最后的兜底和风险补偿，提高金

融机构的积极性，并能够保证农业供应链金融的可持续性。

农业供应链金融创新的“政府＋（农户＋农业供应链企业＋农业供应链金融机构）”的行政市场化总体框架，将政府、农户、农业供应链生产企业和农业供应链金融机构有机地整合在一起，将农业供应链金融市场化发展同政府更好地利用行政资源、做好社会化服务紧密结合起来，市场化发展能够保证农业供应链金融创新遵循价值规律和价值链分配原则，使政府有针对性地为农户、农业供应链生产企业和农业供应链金融机构提供社会化服务，降低了农业供应链金融创新交易成本，并分散了农业供应链及其价值链中的各类风险。

第五章　文化产业供应链金融的创新发展

第一节　文化产业的供应链金融内涵

在金融实践中，指导理论主要有两大类：实体经济学理论和虚拟经济学理论。实体经济学理论包括由实体经济衍生的房地产金融、能源金融、农业金融、钢铁金融的金融理论，虚拟经济学理论包括股票、证券、期货等的金融理论。文化产业由于自身特殊性，发展规律既有别于房地产，也有别于股市，因此不能完全照搬这两类经济学指导理论，而应结合文化产业的发展特点提出便于实现文化产业与金融深度对接的理论体系。近年来，在科技进步和金融创新推动下，我国的文化产业取得了巨大的发展。但是因为没有完整的文化金融理论的指导，在发展道路上走了很多弯路。随着文化产业的日益成熟，文化产业融资、信用风险控制、成本收益等问题都急需用文化金融的思想来解决。

供应链核心企业对供应链的整合优化的核心本质是挤压和掌握上下游企业以获取更多的附加价值，这种企业间的天然矛盾使得供应链上的资金流失衡的时候更需要得到外部金融的有效支持。20世纪80年代以来，随着供应链管理在企业中的逐步兴起和发展，供应链资金流的整合优化也得到了企业、金融机构的关注，随之，供应链金融理论被提出，用以解决供应链资金流的瓶颈问题。本章正是基于文化金融的发展现状和供应链管理思想提出文化产业供应链金融的概念，采用供应链金融的系统集成和优化方法来解决文化产业供应链中资金流的问题。

我国文化产业在总体上是稳定发展的，而且在将来可能会成为我国的支柱产业。随着文化市场的日渐开放和激烈的国际竞争需要，中国文化产业中供应链金融的运用，对我国政治、经济、社会的发展有重大的意义。文化供应链金融理论的提出有利于国家文化政策的实施，符合一系列国家政策的要求。文化产业供应链金融的运用不仅满足了社会投资者对新的投资渠道的需求，而且满足了文化企业融资发展的需求。文化产业供应链金融提高了银行供应链金融的风险管理水平和对企业的授信度，使银行全面了解整个供应链的动态信息，突破传统的信贷体系，避免信息不对称的问题，降低经营业务的风险，提高银行的综合服务能力。对文化企业而言，供应链金融思想的融入开创了企业融资的新模式，可以防止整体供应链资金链断裂，能够充分利用企业的应收账款等业务，使供应链节点企业上下游的关系更加密切，提升整体供应链的竞争能力，降低银行对中小企业融资门槛的限制，解决中小文化企业融资难的问题，促进文化产业的繁荣发展。

一、概念介绍

（一）文化产业

国家统计局《文化及相关产业分类（2018）》将文化及相关产业的定义进一步完善为“指为社会公众提供文化产品和文化相关产品的生产活动的集合”。文化创意产业则一般指那些来源于创意或文化的积累，通过知识产权的形成与运用，具有创造财富与就业等机会潜力，并促进整体生活环境提升的行业。文化创意型产业是发达国家进入知识经济时代提出的一个概念，重视传统文化产业的创新增值，重视知识产权的运用，重视与科技、计算机技术等融合。文化产业涉及面较广，内容较宽泛，本节中将研究对象“文化产业供应链金融”中的文化产业限定为文化创意型产业。在本节中所提到的文化产业即为创新型文化产业。

（二）文化产业供应链

结合众多学者的研究及我国文化产业发展现状，笔者认为目前我国文化产业在未来的发展将会逐渐形成两类供应链发展模式：一是实体的产业园区及产业集聚，二是网络层面上的供应链发展模式。在文化产业发展过程中充分发挥供应链管理功能、资金流通一体化功能、资金再造功能。

（三）文化产业供应链金融

基于前文对供应链金融和文化产业供应链的分析，此处将文化产业供应链金融定义为从金融的角度对整个文化产业的供应链进行系统性和集成化的优化和整合。在文化产业供应链金融中，资金流主要涉及融资活动、支付结算、采购活动和风险控制等方面，通过对文化产业供应链的整体授信，有效控制上下游节点企业的物流、信息流、资金流，作出对文化产业供应链成员的资金流决策。文化产业供应链金融运作模式的主体简单来说是银行和供应链企业，结合文化产品的传统融资模式和供应链金融融资模式的特点，从银行的视角分析银行与文化企业供应链金融的融资模式，其主要包括四大系统：信息管理系统、数据分析系统、投融资管理系统、反馈系统。

①信息管理系统：负责信息数据的搜集。

②数据分析系统：负责对搜集的数据进行风险分析、评估。

③投融资管理系统：负责设计投融资方案，制定具体的合同协议。

④反馈系统：负责对融资活动后的信息进行反馈。

二、金融与文化产业发展之间的关系

金融是现代经济的核心，金融引导资源配置，调节经济运行，服务经济社会，对文化产业的发展有着极大的促进作用，因此，文化产业的快速发展需要金融的大力支持。同时，文化产业为金融工具及其产品的创新提供了载体，文化产业的发展在一定程度上促进了金融的发展。因此，文化产业与金融的发展是相互促进、相辅相成的。

（一）文化产业为文化金融的发展奠定了基础

文化产业发展产生的金融需求促进了文化金融服务水平的提升。文化产业作为低消耗、高附加价值的朝阳“绿色产业”，是国家软实力的重要组成部分。文化产品的产业化、资本化程度越高，对金融的需求就越高，对文化金融的产品组合和创新性要求也就越高，越会促进文化金融的发展。

文化产业的发展为文化金融的进一步创新奠定了基础。只有文化产业发展到一定的阶段，金融创新服务才能得到一系列平台的支持，进而建立稳定的运行机制。文化产业的发展是金融创新的基础。

（二）金融对文化产业的发展有极大的促进作用

金融发展的过程就是金融功能不断深化的过程，一个良好的金融体系可以降低交易成本，提高信息透明度，影响到企业的投资决策和整个产业的发展。金融对文化产业的发展作用主要体现在以下几个方面。

首先，金融发展为文化产业提供了一个支持作用，是整合壮大文化产业的资本基础。如果没有资金，文化产业的各种生产要素投入会变得困难。因此，积极推动企业债券、股票、信托、担保、产业基金活动，发挥金融杠杆的带动作用，充分发挥各类金融市场的作用，有利于进一步改善文化产业的投融资结构，有利于吸引民间资本，有利于建立文化产业的多层次金融市场，有利于文化产业的发展。

其次，金融支持有利于文化产业结构的优化升级。在相当长的时期内，我国文化产业的发展需要突破内部企业的瓶颈，实现集约化、高效率的发展，实现企业内部结构的优化升级，这需要金融行业的大力支持。文化产业企业往往采取分散经营的模式，相互之间的联系不紧密，经过金融的整合集成，各企业间的联系变得紧密，有利于促进文化产业的结构升级，提升文化产业的核心竞争力。

最后，金融支持有助于文化产业走向高端化、成熟化。文化产业同金融的结合使得文化产业逐渐走向高端化，这一现象从纵向和横向扩大了文化产业链，创造出了广阔的投资空间，带动文化产业全面增长。总的来说，文化产业的发展离不开金融系统的支持和保障。

第二节　我国文化产业供应链金融发展过程中出现的问题

我国文化金融的主要问题是融资难，在我国较为成熟的文化产业供应链中，大型文化企业因为竞争力较强，规模较大，往往在交货、价格、账期等方面有着严格的要求，相应地会对上下游文化企业造成相对的压力。而银行的贷款业务往往更加青睐大型企业，从而导致中小企业融资难，进一步造成文化产业中的大部分企业供需严重失衡。本节中主要从金融机构、文化企业、政府三个角度对我国文化产业融资难的状况进行分析。

一、金融机构

（一）金融市场的有效性未得到发挥

文化金融是文化产业和金融市场发展的必然趋势，文化金融首先是一种市场行为，但是目前的文化产业中市场的功能并没有得到充分的发挥，主要体现在两个方面：

①我国文化产业并非以市场为主导，而主要是以政府为主导的，我国文化产业多层次、多方位的资本市场体系并没有完全建立起来。目前在中央和地区的文化产业发展中，政府起主导作用，控制着文化产业资金的主要来源，企业资金和民间资本并没有过多地涉足文化产业领域。因此就投资主体而言，金融市场的作用并没有得到充分的发挥。

②现有金融产品主要是有形资产，基本上是服务于传统产业的，对无形资产没有比较完善的评估体系，达不到与银行相关贷款或风险控制的要求，在其他金融合作模式上，也面临着类似的困境。

（二）文化金融产品的单一性

文化企业分为传统企业和新兴企业，目前文化金融产品大多是无形产品，由核心产品和外延产品构成。金融产品包括质押贷款、股权融资、债权融资、兼并收购等综合金融服务及平台现有的贴息贷款、融资贷款担保、融资担保、创投基金、版权质押等服务。我国的文化金融产品主要是在“抵押为本”的投融资模式上，重视文化企业的第二还款来源，并没有与文化企业的资金需求形成有效的资金对接，并不能充分地利用文化企业的资源进行融资。

（三）金融市场门槛高

持续盈利能力的高低是决定发行人能否成功登陆A股市场的重要标准。“最近两年连续盈利”“最近两年净利润累计不少于一千万元且持续增长”的规定都说明金融市场门槛过高，一般来说符合上市条件的只有大型企业，我国文化企业大部分是中小型企业，呈现布局广泛、规模小等特点，无法达到金融市场的门槛。这种过高的标准不适合文化产业的发展，在一定程度上限制了文化产业金融的发展，造成了文化产业融资难的困境。

（四）缺乏系统管理文化产业的专门机构

目前，专门为文化产业服务的金融机构主要是文化产权交易所，缺乏市场上普遍认可的资产评估机构、艺术品鉴赏机构、信息统计机构等专门为文化产业服务的机构。

目前，对我国文化金融理论的研究只有在政府主导下进行的有关文化金融发展的交流会，社会上缺乏系统性的文化金融理论知识，缺乏系统性的验证研究，缺乏专业的理论指导。我国文化金融的发展缺乏系统性和集成性，不利于建立完善的文化产业投融资体系，不利于促进文化产业的发展。

二、文化企业及文化产业

（一）文化产业发展尚不成熟

文化产业是我国的新兴行业，容易出现概念化、同质化、低端化与快速过剩化等弊端。文化产品的资产无形性和增值性将会使这种情况更容易出现。目前，我国的文化产业处在经济改革的背景条件下，文化产业发展的环境和机制与过去存在着很大的变化，因此作为一个新兴行业，在发展初期将会面临着各种难题，产业化还未完全成熟，不利于文化金融，特别是文化产业供应链金融的发展。

（二）文化产业收益和风险的不确定性

文化产业由于文化产品无形性和意识形态性等特点，文化产业收益和风险具有不确定性，这种不确定性严重影响了企业的融资时机和融资成本。由于这种不确定性，文化企业的融资成本可能会增加，而投资主体可能评估夸大了投资风险，从而造成文化企业融资难的局面。近年来，艺术品投资者的羊群效应和正反馈机制使得文化金融市场严重失衡，导致崩盘，从而暴露出文化金融市场的不稳定性。艺术品份额化实施后，文化产权交易所先后出现了近百家，而后产生了大量经济泡沫，主要是因为之前的艺术品价格炒得过高，遗留了一系列的后续问题。

（三）文化企业对金融市场的认识不足

多数文化企业对文化金融的概念还停留在传统融资模式上，融资方式简单，融资渠道单一，缺乏专门的金融部门去处理专门的融资业务，未真正认识到金融市场的要义，没有将股票、基金、风险投资等金融工具真正融入企业的发展过程中，无法建立多层次文化金融资本市场。我国文化产业多层次、多方位的资本市场体系并没有完整地建立和发展起来。目前在中央和地区的文化产业发展中，市场化水平较低。由于文化产业自身的特点，我国的文化产业集成度比较低，表现为尚未形成完整的产业链。

（四）文化企业缺乏复合型人才

我国文化企业缺乏复合型人才。文化产业本身就是一个特殊产业，而文化金融又是文化产业和金融市场的结合体，有别于其他实体金融产业。随着科技的发展，文化产业与科技逐渐联合，关联产品也逐渐丰富，需要把文化资源转化为文化产品优势，因此文化产业的发展需要既懂得金融投资、文化市场经营管理，又懂得艺术品品鉴的文化金融复合型人才，而目前我国比较缺乏这种人才，需要国家和社会组织加强对这方面人才的培养。

三、政府

（一）法律制度的缺失

当前我国文化产业的发展还有不规范的地方，文化法制体系也不完善，文化产业的发展缺乏有力的法律制度的支持，主要表现在资本进入和退出机制上的不完善。缺乏法律法规保障，民间资本难以进入文化产业。目前，文化资本进入文化产业有很多限制，缺乏合理的准入法规，缺乏法律制度来确定投融资主体平等的法律地位，从而使中小型文化产业的投融资受到限制，限制了民间资本进入渠道与吸收机制，不利于文化产业金融资本的资源优化配置。文化产业投融资是一项风险较高、周期较长的活动，如果没有法律制度的保障，没有完善的产业退出机制，资本的投资力度会相对减弱，会造成文化产业投融资难的困境。

（二）准入政策的限制

我国文化事业单位正处于转型期，目前一些文化事业单位仍然是“事业体制、企业化运作”模式，这种模式在一定程度上限制了企业资本、民间资本、国外资本的进入。因此，在一定程度上造成了文化事业单位融资难的困境。目前虽然国家提出了“非公有制文化企业在项目审批、资质认定、融资等方面与国有文化企业享有同等待遇”的政策，但一些文化企业仍然存在融资难的问题。

（三）缺乏财政税收政策的支持

文化产业税收优惠的适用范围比较窄，有待进一步扩大，社会上尚未形成利于文化产业公平竞争、利于全社会资本投资文化产业的浓厚氛围。与发达国家相比，我国在文化产品上缺乏税收优惠政策，缺乏相应的鼓励措施。

第三节　文化产业供应链金融的创新模式构建

文化产业供应链金融的发展是需要一定基础的，并不是一蹴而就的，根据我国文化产业金融发展的现状和供应链金融的理论知识，本节从财务供应链、风险控制体系两个方面讲述我国文化产业如何利用供应链金融来解决文化金融的问题，建立我国文化产业供应链金融的发展模式，从而促进我国文化产业的资金流的优化配置，促进我国文化产业的发展。

一、财务供应链

文化产业的财务供应链管理是以文化产业供应链管理模式为基础的，从资金流的角度，对文化产业供应链上的节点企业进行整合、优化和集成，实现加快资金流转、提高资金利用率、降低整体供应链财务成本的目的。如前文所说，文化产业供应链是物流、信息流、资金流“三流”的整合、集成和优化。

目前，我国文化产业的供应链模式还未发展到成熟阶段，文化产业中具体的产品供应链还处在创新应用阶段，文化产业供应链的不成熟，使得文化产业财务供应链也未能完全成熟。从供应链金融的角度发展文化产业，首先得建立将财务和供应链相结合的财务供应链管理体系。文化产业财务供应链的服务内容主要有供应链融资、供应链财务规划、税收的统筹与运作和提供与其配套的专业服务。

与传统供应链相比，财务供应链主要有以下几个优势。

（一）优化供应链管理的模式

财务供应链将财务和传统供应链相结合，不仅从物流的角度优化整合了供应链的资金流、信息流、商流，还要求从财务的角度通过物流活动获得资金运营的信息，从财务的角度对物流活动进行整合优化，化被动为主动，动态性地获得一个企业的资金运营情况，从而更好地分析企业发展的资金瓶颈，优化供应链运作流程，创新性地提出专业化的财务供应链管理模式。

（二）进一步降低企业运营成本

财务供应链在传统供应链的基础上，从财务管理的角度，通过动态性的物流活动，即时性地了解供应链网络中各个节点之间的资金运营情况，优化资金的支付流程，减少不必要的支付环节，形成以供应商为基础的资金运营网络，提高资金运营效率，降低企业的资金运营成本。

（三）进一步降低供应链风险

财务供应链从资金的角度掌握整个供应链的物流、信息流，有利于供应链上的双方在供应链中找到一个利益平衡点，从而实现双赢，实现整体供应链的稳定性，降低整体供应链的风险。

二、风险控制体系

伴随金融管理和物流管理相结合的供应链金融的出现，新的风险也得以产生，新的风险的出现要求商业银行能够动态、系统地控制融资中的风险，能够在业务操作中实现物流、资金流和信息流的高度统一，灵活地控制授信额度，规避中小企业贷款的风险。在这里，结合文化产业和供应链金融的发展，参考农业供应链的风险控制体系，综合分析和评估供应链金融运作中金融机构、文化产业的融资企业、文化产业的核心企业、物流企业四个方面的风险，最后从银行的角度，从理论层面提出文化产业供应链金融风险控制体系。

（一）基本原则

建立文化产业供应链金融的风险控制体系，应遵循的基本原则有以下几点。

①系统性管理原则。

②建立科学的风险管理理念，以文化产业的贸易背景来控制风险、评估企业违约成本。

③构建独立的评级系统。

④注重对文化行业的监测分析。

⑤具有反馈机制，对业务和环境的变化信息进行及时的反馈。

⑥整个控制系统具有层次性。

（二）风险管理流程

文化产业供应链金融风险管理系统主要包括风险识别、风险评估和风险控制三个方面，在风险管理中风险识别是基础，风险评估是技术手段，风险控制是一个系统。

1.风险识别

（1）信用风险

供应链金融的重要特点之一是基于供应链核心企业的信用给予上下游企业授信支持，核查信用风险，即找出借款企业不能偿还银行贷款的原因。供应链金融信用风险主要包括企业自身引起的信用风险和因供应链环境变化引起的信用风险。企业自身管理不规范、信息披露不透明、投资目的不明确、经营不善、卷入债务纠纷、偷税漏税等会使得企业资金链断裂，从而直接影响企业的还款能力，引发银行的授信风险。供应链环境变化会引发信用风险，宏观系统环境和宏观行业环境的变化会引发供应链环境或核心企业发展环境的变化。正如前文所言，供应链金融上的各个环节是相互影响、相互联系的，核心企业的变化将会影响整个供应链的授信情况，如果影响是不利的，将会导致严重的信用问题。道德风险涉及的主体包括中小企业、核心企业、监管公司和第三方管理机构等关联方。道德问题一般有：企业抵押的流动资产存在质量问题、中小企业隐瞒资金流向等。

（2）操作风险

文化产业供应链金融的操作风险是指在供应链金融运作过程中由于操作人员的失误、业务流程的漏洞引发的风险。文化产业供应链金融引发操作风险的主要原因有：

①文化产品具有特殊性。文化产业提供的产品包括实体产品和无形产品，同时文化产业供应链的供应商、中间商及用户具有多样化特征，文化产业供应链的网络节点相对于一般的制造产品供应链而言，更有层次性、更加复杂。银行需要根据提供的产品供应链的具体情况来提供金融服务，设计产品多样、流程复杂、具有协调性的管理模式，否则容易引发操作风险。

②供应链层次多、结构复杂，容易引发信息传递错误，供应链不能得到有效的管理和配置，将可能引发操作风险。供应链金融是链式金融，一个节点的操作风险会破坏整个供应链金融的稳定性，引发很多问题甚至造成其他的风险。

（3）法律风险

《巴塞尔协议》中将法律风险定义为操作风险的一部分，由于文化产业的特殊性，故此处将文化产业供应链金融的法律风险单独提取出来作为风险因子进行论述。文化产业供应链金融的法律风险包括直接形成的损失和由其他风险转化而成的法律风险。文化产业供应链金融的法律风险主要是由以下几个原因引起的：

①知识产权法律文件和其他规章制度还不够完善。《中华人民共和国物权

法》虽是我国关于物权的最高法，然而总体上比较笼统，缺乏相应的细则，容易引发法律纠纷。②由操作风险转化而来。因为文化产业价值的难评估性，容易在经营、人员配置等方面出现问题。③由信用风险和市场风险转化而来。包括交易性风险、利率风险、流动性风险。

2.风险评估

风险评估是在准确识别风险因子的基础上评估量化该风险因子对银行带来的损失。文化产业的供应链金融因为目前发展还不成熟，是比较新的金融服务领域，缺乏数据，很难对其进行量化处理。因此本章提出的文化产业供应链金融的风险评估主要是定性分析如何评估风险因子，如何建立一个风险损失数据库。风险评估体系的建立能提高风险评估的效率，降低银行供应链金融风险。

（1）建立一个风险评级体系

一个完善的风险评级体系要求在评估风险时能对风险因子进行准确分类和有效分析。应根据文化产业供应链金融风险的类型，提取风险因子。

（2）采取模糊综合评价法

根据风险因子类别的不同，赋予其不同的权重，设立风险因素的等级指标，简单评估文化产业供应链金融的参与主体的风险系数。银行在开展文化产品供应链金融服务时，在评估供应链金融风险时需计算出核心企业、融资企业、物流企业三方的风险系数来决定是否开展活动。考虑到三方企业在文化产品供应链中的地位的不同，银行在评估供应链金融风险时还需考虑企业在供应链中的地位。

3.风险控制

风险控制是在风险识别和风险评估的基础上对潜在的供应链金融风险进行控制的行为。建立完善的风险控制机制的目的主要是实现一定的收益，有效地控制成本，在不断的控制中，提高管理与控制效率。风险控制主要是依据评估出来的风险系数来对供应链金融方案进行优化，及时应对各种突发事件，将风险控制在一定范围之内。文化产业供应链金融的风险控制方法主要分为事前、事中、事后控制。事前控制的方法主要有回避与承担风险、转移风险、建立准入体系；事中控制的方法主要有分散风险、建立回馈机制；事后控制的方法主要是通过数据的积累来完善体系。建立文化产业供应链金融模式的风险控制机制主要应做好以下几个方面的工作。

（1）建立完善的内部控制系统

文化产品的供应链金融模式针对的是整体供应链，内部控制系统是基于供应链模式建立起来的，这是文化供应链金融内部控制系统的特殊性所在，又因为文化产品不同于一般的制造产品，其业务流程由于科学技术的发展，时时处在更新优化中，因此需要不断地完善其风险内控体系，切实把握住风险控制的第一关。

（2）提高业务人员的素质

文化产业供应链金融将文化、供应链、金融、科技四个领域结合起来，在进行文化产业融资路线的研究时，往往需要运用新视角，因此需要专门化的人才来处理运营中出现的问题。比如培养审查人员对供应链金融上下链条之间的稳定性进行评估的敏感性，使其能够辨别质押单据的真实性、有效性，培养其评估文化产品价值、分析文化产业供应链之间的竞争性等的能力。

（3）加强与第三方的合作

如前文所言，文化供应链金融涉及了多个领域，在供应链中，存在特殊的服务模式，即将业务外包出去，因此银行文化产业供应链金融也可以寻求第三方合作，将部分业务外包出去，从战略上进行风险控制，避免因信息不详细而导致的风险，将风险控制在一定的范围内，达到降低风险的目的。

第六章　汽车产业供应链金融的创新发展

第一节　汽车产业供应链金融的概念、特点及作用

一、汽车产业供应链金融的相关概念

（一）汽车产业的概念

“汽车产业”相对于“汽车工业”来讲是战略意义上的升级。汽车工业的概念较为封闭和狭小，其主要突出的是整车及零部件的生产及制造环节，即属于第二产业的范畴。而汽车产业则是把发展的核心扩展到汽车产业价值链全过程，不仅包括制造环节，还涉及汽车的销售及服务等环节，同时也跨入了第三产业研究范畴。

汽车产业由于其同时具有第二、第三产业的归属特点，说明其不仅是一个技术密集型的产业，同时也是一个资金密集型的产业。因此，汽车产业的较高技术含量和规模化生产，决定了它从融资开始到生产、销售以及售后服务，都离不开金融资本、金融服务的支持。而金融业属于第三产业的服务业，其运营的目的是为各项产业及经济发展提供资金融通支持，借以发展和壮大自身，因

此重点产业发展情况的好坏，直接关系到供应链金融环境的优劣。上述产业之间的相互依赖性决定了汽车产业和金融业之间的必然联系。

（二）汽车产业供应链金融的概念

汽车产业供应链金融（以下简称“汽车金融”）是指在汽车采购、生产、销售、流通及使用过程中，金融机构提供的资金融通服务，其中包括但不限于对生产商、经销商提供的短期流动型融资产品、库存融资及对终端消费者提供的消费资金融通方式，是汽车在生产、流通、消费等环节所涉及的资金融通的方式，这种方式涵盖各个环节的资金流通渠道及流程管理。

汽车金融的含义大致可分为两个层次：第一个层次是针对汽车制造商、汽车供货商企业所提供的传统金融服务，如各类中长期贷款、短期贷款、银行承兑汇票融资、委托贷款及提供贴现、保理、保函等金融产品。这类服务能为汽车整车及零部件生产企业提供项目融资与营运资金融通服务，除此之外，保险公司所提供的财产险、产品责任险、机器损坏险和运输险等保险项目也可被归入这类服务中。第二个层次则是针对流通和消费环节所提供的金融服务，主要包括汽车消费信贷、经销商企业库存融资、融资租赁、营运设备的融资等零售业务。

二、汽车产业供应链金融的特点

汽车产业作为供应链管理中物流体系最完善、管理制度最为严格的标志性产业之一，具有如下特点。

①经销商、供应商与汽车厂商的关系十分紧密，例如，经销商为专营单一品牌的4S店，供应商多为汽车厂商的配套企业，他们对汽车生产厂商的依赖度极大。

②汽车厂商对其下游经销商的进入、退出有着严格的制度化管理；经销商通常要具备汽车厂商的建店要求及代理能力，才能获得汽车厂商的代理授权。

③汽车厂商为保持自身竞争力，对销售网络成员的资金流极为关注，通常有精确的资金及车辆监控系统及严密的风险监测及防控体系，通过汽车金融对经销商提供资金支持。汽车厂商通常有权通过销售检测系统，掌握其销售网络成员的车辆销售情况，同时便于统计并得出各地区的销售变化规律，科学地调整销售政策及目标市场推广策略。

从汽车产业的特殊性可以看出，汽车金融随着汽车产业的成熟发展已经有别于传统意义上的汽车消费信贷，含义变得更为广泛，它为汽车产业供应链提供全方位的服务，汽车金融主要呈现出以下几个特点。

①能够带动汽车销量增长。在发达国家的成熟汽车金融市场中，汽车金融服务能够为汽车产业提供连续且稳定的资金支持，汽车产业的资金密集型特点要求，必须有强有力的金融服务支持，才能实现相应的增长及发展效果。

②存在明显的规模效益。近年来，汽车产业的利润聚焦点逐步由汽车销售转向服务领域，因此汽车服务市场被经济学家称为汽车产业链上最大的利润“奶酪”。由于该行业是典型的资金密集型规模经济行业，因此必须有强大的金融服务支持，才能实现规模化增长，然而，金融服务属于典型的零售金融业务，必须有一定的客户规模才能实现盈利。所以，不仅汽车产业的发展要追求连续稳定的市场需求及一定的市场规模，相应的金融服务业也要形成一定的规模，这样才能实现预期目标。

③服务范畴逐步延伸。汽车金融服务机构已不再局限于为汽车生产环节提供金融服务，而将服务范畴覆盖至汽车产业的全过程，并延伸至汽车消费及服务领域，即拓宽了金融服务的范围，有利于在全产业链的基础上控制融资风险。

④流程管理不断专业化。供应链金融的风险防控主要在于对各项产品的操作流程的防控，因此，专业的汽车金融服务机构能够结合汽车产业特点，对供应链上各主体分别进行独立及关联分析，研究并开发出汽车产业的抵押登记管

理系统、风险评估模型及不良债权处理系统。同时，这些专业的汽车金融服务机构，可以在为汽车制造商和经销商铺设市场销售网络的同时，提供个性化、专业化的服务，这种模式不仅简化了交易流程，降低了交易费用，而且能够促进融资资金的使用效率，在收获规模效益的同时，提高了授信群体的满意度，促进了供应链金融的可持续发展。

⑤资金来源渠道丰富。资金的来源渠道取决于汽车金融机构的职能及经营范围。目前除商业银行之外，汽车金融服务机构并不能吸收社会公众存款，其除了依靠资本金和利润结转，还依赖资本市场中的资金拆借及银行信贷。大型的汽车金融公司由于资产规模较大、对外信用评级较高，故其在资本市场上进行融资的能力较强，有些新兴业务如发行债券及投资银行等，也可供这些大型金融公司选择。而相对来讲，那些较小的汽车金融服务机构，其资金来源除了自有资本金，一般只能选择向银行机构申请贷款以缓解资金需求。

三、汽车产业供应链金融的突出作用

汽车产业供应链金融的突出作用，主要分为宏观作用及微观作用两个部分。在宏观方面，汽车产业供应链金融的作用主要表现为调节供需平衡及发挥乘数效应。

（一）调节国民经济运行中的供求矛盾

从汽车行业发展的必然结果来看，行业中出现的生产与消费的矛盾是突出存在的，随着社会生产力的发展，生产和消费社会化现象越来越明显，产品结构变化中价值高的汽车等消费品的产生及发展，引起了材料工业、电子工业的变动，并引发整个汽车产业结构的变革，这种变革随着经济发展及人们生活水平的提高，不断刺激着潜在需求的膨胀。但是，通过社会资金来满足这种汽车消费需求的能力十分有限，在市场上形成了产业供给充足、需求无支撑力的情况。因此，调剂并充分使用闲散资金，解决汽车市场上的供需矛盾就成为汽车产业供应链金融的基本职能。

（二）对国民经济的发展产生巨大乘数效应

汽车产业供应链金融服务通过汽车产业对包括制造业在内的其他产业表现出显著的带动作用。汽车产业天然具有“产业链长、关联度高、就业面广、消费拉动大”的突出特点。汽车产业的发展可涉及并带动近百个相关产业，包括上游关联的石化、钢铁、橡胶、冶金、塑料、机械、玻璃、电子、纺织等产业，下游可延伸到批发零售、银行、保险、维修、租赁、加油站、交通运输及路桥建筑等产业，可以吸纳各种新技术、新材料、新工艺、新装备。发达国家经验表明，汽车产业可在其自身发展的基础上形成巨大的生产规模和市场规模，创造出可观的产值、利润和税收，并提供众多的就业岗位。

正是由于汽车产业表现出上述巨大的价值转移功能，汽车产业供应链金融得以通过在流通、消费等环节提供资金支持等方式，促进汽车产业的上下游资金融通，减少了产品库存，提高了资金周转效率及利润率，使汽车产业的带动作用得到极大发挥。

从微观促进方面看，汽车产业供应链金融直接通过供应链上的主体实现推动作用，包括生产制造商、经销商、终端消费者等。对制造商而言，汽车产业供应链金融是其实现生产销售过程中资金融通的主要方式，可以起到支持及维护正常的生产经营、建立科学合理的销售体系、保证敏锐的市场嗅觉的作用；对经销商而言，汽车产业供应链金融成为其汽车销售体系中至关重要的一个手段，可以起到提供库存融资、采购资金融资、建店融资的作用；对于汽车消费者而言，汽车产业供应链金融是刺激汽车消费需求的强有力手段，可以通过汽车消费贷款、融资租赁贷款、维修融资、汽车保险等业务为汽车消费者提供保障。

第二节　汽车产业供应链金融的现状、问题、需求及对策

在我国汽车产量飞速增长的背景下，汽车市场需求的扩大引发了市场对金融服务的强烈需求，形成了汽车产业供应链金融服务市场的巨大发展潜力。同时，居民消费观的改变及消费水平的提高为金融服务提供了广阔的发展空间。此外，随着生活方式、社会观念的变迁，人们开始追求生活品质的提高及舒适度的提升，超前消费观念开始被逐步接受，消费者购买能力逐步增强，汽车金融服务的主体人群将不断扩大，为汽车金融的发展提供了广阔的空间。

一、我国汽车产业供应链金融现状

我国汽车工业发展迅猛，与此同时，我国的汽车产业供应链金融服务的发展却稍显滞后，目前还处于初步发展阶段。在欧美发达国家，汽车产业供应链金融服务发展历史悠久，已成为房地产金融之后的第二大金融服务体系。根据国外的统计资料，在欧美发达国家，由汽车产业供应链金融所创造的价值在汽车行业的价值链中占据一定比例，而在我国汽车行业的价值链中这一比例较低。在美国有相当数量的新车是通过贷款方式购买的，而在我国消费信贷占汽车消费的比例较低，这一现象与我国的汽车产销大国的地位是不相称的。

我国汽车产业供应链金融业务的竞争主体逐步多样化，截至目前我国已逐步形成以商业银行、财务公司、汽车金融公司等为主体的多元化竞争格局。

我国出台的多项政策法规也为汽车产业供应链金融的发展提供了良好的环境。2004年10月，银监会出台了《汽车贷款管理办法》，从而进一步规范了汽车消费信贷业务，促使中国汽车消费信贷开始向专业化、规模化的方向发展。

2008年银监局出台的《汽车金融公司管理办法》，明显降低了汽车金融公司的准入门槛，为境外资本进入市场打开了大门，至此，我国汽车产业供应链金融开始迈向专业化、多元化的新时代，同时，金融服务机构不断扩大业务经营范围，为汽车金融公司提供了更好的发展空间，为我国汽车产业提供更优质的融资产品。2009年中国人民银行和银监会对银行信贷进行微调之余，8月底公布允许符合条件的金融租赁公司和汽车金融公司发行金融债券，此举一方面降低了信贷紧缩对市场的影响，引导资金流入民间市场，平衡货币供给关系；另一方面为消费者提供了更充沛的汽车贷款资金，进而推动经济的发展。2016年3月，中国人民银行与银监会共同发布了《中国人民银行 银监会关于加大对新消费领域金融支持的指导意见》，允许汽车金融公司在向消费者提供购车贷款的同时，根据消费者意愿提供附属于所购车辆的附加产品的融资，同时放宽新能源车与二手车首付比例至15%和30%。2022年，商务部等17部门印发的《关于搞活汽车流通 扩大汽车消费若干措施的通知》提出，鼓励金融机构在依法合规、风险可控的前提下，合理确定首付比例、贷款利率、还款期限，加大汽车消费信贷支持。有序发展汽车融资租赁，鼓励汽车生产企业、销售企业与融资租赁企业加强合作，增加金融服务供给。

二、当前我国汽车金融发展中存在的问题分析

（一）服务主体及服务产品单一

从我国目前汽车金融发展的实际情况来看，服务主体和服务内容的单一化是我国现阶段汽车金融服务存在的主要问题。

1.服务主体单一

从目前的情况来看，全国各商业银行仍是提供汽车金融服务的主要渠道，为金融服务市场提供的融资服务处于主导地位，汽车产业链条的主体更习惯通

过银行解决自身的融资难题，而汽车集团财务公司、汽车租赁公司等专业的汽车金融机构的融资占比一直未有明显的提升，尤其是二、三线城市的经销商及消费者，由于信息不对称，甚至对其他专业汽车服务公司的了解微乎其微，无法在对服务主体的对比中选择最佳服务方案。

从服务主体的盈利目的来讲，银行经营汽车金融业务的目的是获得存贷款利差、扩大客户基础、获取存款收益，而并不会以促进汽车销售为其最终目的。

而且，由于银行可选择的服务产业众多，如当汽车行业遇到周期性经济问题时，银行为了降低行业的系统性风险，可能会收紧在这一领域的金融投放规模，而这一不确定性将对汽车产业的发展构成严重影响；而对于专营的汽车金融服务机构来讲，它们由于一般为汽车制造商下设的财务公司或租赁公司，与汽车制造商集团的发展及利益紧密相连，因此能够为汽车产业的发展提供连续、稳定的金融支持。

同时，服务主体单一化将导致商业银行的风险集中度高。各商业银行为了争抢优质的汽车产业客户，会采取降低汽车融资门槛等措施，如降低首付款比例、放宽审核条件、延长还贷年限、下调贷款利率等。具体表现为对贷款对象的选择逐步放宽条件，从高收入者放宽至一般工薪阶层；放宽审核条件、信用调查，取消担保人制度；降低贷款的费率及利率，如免除信用担保手续费、免于投保信用保险等。商业银行竞争条件的不断放宽使许多汽车服务机构纷纷退出该金融服务市场。在目前国内信用体系不健全的情况下，部分商业银行的无序竞争在一定程度上为汽车金融市场带来系统性风险。

2.服务产品单一

商业银行提供的汽车金融服务业务多限于传统的购车贷款，由于其创新产品并未被有效开发及应用，如建店融资、股权并购、融资租赁等金融服务并未实现全面推广。对制造商而言，传统的银行贷款无法实现其生产资金与销售款项分离的要求，也无法促进汽车产业的价值链的延伸，最终实现产业链的整合优化目的；对经销商而言，如果没有符合其需求且形式丰富的汽车销售融资产品，便很难实现正常的经营周转，更不会为其扩大销量及增加盈利带来帮助。

此外，我国目前现有的汽车制造商集团设立的财务公司，由于成立时间较晚、运营模式仍处在探索期，也并未形成一定的规模，同时，由于其大多数为从属于企业集团的财务公司，所以其金融专业化优势体现得并不明显，其配套金融服务在短期内也不可能成为市场的主流产品。

所以，结合发达国家的发展历程及经验来看，服务主体和产品单一的弊端显然阻碍了我国汽车产业的高速发展。

（二）法律制度不健全及信用制度缺失

在制度建设方面，由于我国的汽车消费信贷业务起步较晚，目前还没有形成较完善的法律制度体系。尽管现行的《中华人民共和国担保法》从一定意义上可以约束消费信贷行为，但仍未形成对汽车消费信贷的约定力，这就不能为汽车金融机构开展汽车消费贷款提供法律支持，一旦出现借款人违约现象，汽车金融机构便无章可循，无法寻找合适的不良贷款解决途径，产生无法追索的不良贷款。同时，虽然汽车消费者的权益可以在《中华人民共和国消费者权益保护法》《中华人民共和国产品质量法》的基础上得到一定保护，但是与上述法律中配套的汽车行业方面的相关条例还不甚完善，执行过程中也存在着众多问题及障碍。

同时，金融机构从事信贷业务的前提是将把控与审核风险放在首位，金融机构放贷与否，首先要考虑的就是借款人的信用状况。然而目前，我国现有的个人征信制度尚不完善，仅将银行作为录入信用信息的唯一载体，且信用信息涉及的要素较少，容易造成一系列问题，如：个人信用资料不完整，个人及家庭的收入状况不透明，阶段性现金收入支出、个人债务及债权的分布情况等没有详细的系统记录，缺乏科学严密的个人信用评估模型等；同时，对于个人的失信行为也未明确规定具体的惩罚措施。这导致金融机构对借款者的偿债能力及资信状况都难以及时、准确地把握，从而从准入方面影响了金融机构对贷款对象的风险判断，不利于汽车金融服务市场的发展，也不符合汽车产业飞速发展的实际需求。

（三）融资存在障碍及风险防范体制不规范

对于处于弱势地位的汽车配套企业来说，其获得融资的前提便是提供有效的担保条件，包括土地房产抵押、设备或车辆质押、担保公司或其他单位保证。这三种形式在汽车配套企业中均存在难以解决的障碍，如：多数中小企业的可抵质押厂房及设备净值小，其价值折算后根本无法满足其融资需求，或者无法找到符合金融机构要求的担保公司。

对于汽车消费贷款来说，其获得汽车贷款的方式包括：消费贷款、抵押贷款、车辆质押及保证人贷款四种方式。消费贷款受居民收入层次的限制，贷款需求群体与苛刻的贷款条件明显脱节，造成推行的范围十分狭小。就抵押贷款而言，有条件以房产抵押作为购车担保的仅为少数人群，而且房产抵押的办理过程较烦琐，相关手续费还会增加贷款成本。而就汽车抵押方式而言，由于汽车的折旧速度快及二手车的处理较为困难，而且金融对抵押后的车辆较难控制及监管，有可能存在二次抵押或转移的可能，然而一旦发生违约现象，金融机构将承担贷款损失风险。对于第三方保证方式，由于符合条件并愿意担保的保证人较难找到，或是保证人也可能出现道德风险等问题，导致各金融机构在实际操作中也较难把握。

此外，金融机构在发放汽车融资款后，会对贷款进行严格的贷后管理，包括对资金流向的监控、对借款人自身情况的关注等。但在具体操作时，由于存在信息不对称的现象，较容易出现道德风险而引发不良贷款的产生。而目前由于国内尚未建立完善的风险防范机制，贷款发放后，多数金融机构只关心借款人是否按时付息，而忽略对借款主体的定期关注及考察，导致只有在贷款出现逾期时才发现借款人存在的资金问题或信用问题，已错过收回贷款或作出补救的最佳时期。因此，建立完善的风险管理体系，对整个汽车金融服务市场健康有序的发展起到了关键性的保障作用。

三、当前我国汽车金融服务需求分析

目前，汽车产业供应链金融服务提供的产品主要是满足汽车生产厂商的全流程运营的各个环节，主要包括六个方面：

一是产品研发，在产品研发环节，存在资金投入量大、研发风险大、销售市场不明朗等特点，目前一般金融机构融资极少介入，汽车生产厂商主要以私募及风险投资的形式进行直接融资。

二是工程开发与制造，主要表现在新建厂房与购置机械设备上，目前汽车企业主要依靠自有资金、在资本市场直接融资和中长期项目贷款等方式填补资金缺口。

三是零部件采购，作为在产业链中居于强势地位的核心企业，汽车企业目前帮助零部件供应商解决融资的意愿较低，但零部件供应企业的应收账款量较大，对应收账款融资的需求较大。

四是销售服务，销售业务是汽车企业的核心业务，为了改善企业现金流，汽车企业一般均要求下游经销商全额预付款提车，为了提高经销商的支付能力，汽车企业在帮助经销商融资方面的积极性较高，这种形式也成为目前汽车金融的主要依托方式。

五是财务管理，在财务管理方面，汽车企业一般只与关系密切的战略合作机构开展该项业务，如银行的网上银行、跨行资金归集等。

六是非银行汽车金融业务，大型汽车生产厂家成立的财务公司、汽车金融公司、融资租赁公司、资产管理与担保公司均在大力开展汽车消费贷款或融资租赁业务，上述企业在业务开展过程中由于资本限制，需要向大型金融机构进行借贷融资。

汽车市场可以细分为乘用车销售市场、商用车销售市场、进出口市场、国内采购市场四个方面，每个细分市场的融资需求特点如下：

（一）乘用车及商用车国内销售链条及融资需求分析

1.乘用车国内销售网络及融资需求分析

乘用车在销售环节一般采用经销模式，即通过其分布于全国各地的经销商网络进行销售。乘用车销售网络由汽车厂家位于各级中心城市的经销商及其开立的4S店、汽车展厅等共同组成。

乘用车厂家一般采用全额预付款销售形式，经销商需提前两个月左右订货并全额预付货款。绝大多数汽车经销商会因资金压力过大，而选择与银行合作进行融资。乘用车经销商多为贸易型企业，可供抵押的不动产等资产有限，目前各家银行与经销商合作的方式多为控货融资，在汽车销售金融服务网络协议项下通过监管汽车合格证或控制汽车对汽车经销商进行融资。同时，为方便汽车经销商销售汽车，汽车一般存放在经销商自有仓库中，银行直接监管合格证或通过物流公司直接或间接控制汽车。

乘用车经销商融资需求的大小取决于其所经销汽车的品牌、单体价值、销售规模等因素。一般而言，单体价值较高、销售规模较大的中高端品牌汽车经销商融资需求较大，一家经销商与多家银行合作的情况比较常见。相比之下，单体价值较低、销售规模较小的中低端品牌汽车经销商融资需求一般较小，汽车厂家出于降低管理成本的考虑可能会要求经销商只能与一家银行合作。

2.商用车国内销售网络及融资需求分析

商用汽车在销售环节一般采用经销和直销相结合的模式，根据商用汽车种类及厂家销售体系的差异，上述两种模式采用情况及比例有所不同。在商用汽车经销体系中，汽车厂家通过其分布在全国各地的经销商网络（包括汽车改装厂）进行销售。

商用车客户多将所购车辆作为生产资料（或工具）用于直接经营，因此购车客户对银行融资需求较大，以中重卡、中大型客车为主的购车客户贷款购车率达到80%以上。因此，各商用车生产厂家均向合作金融机构提出开展终端客户汽车消费贷款业务，并以此为条件选择合作金融机构。

商用汽车厂家一般要求下游买方全额预付款，经销商或终端用户一般需提前一至两个月订货并在订货时预付货款，因此，多数情况下商用汽车买方（尤其是经销商）由于自有资金有限需要向银行融资。随着商用车市场竞争日益加剧，为扩大销售、抢占市场份额并加强对供应链的管理与控制，与银行开展供应链金融合作成为商用汽车厂家的不二选择。在经销模式下，目前各家银行对经销商的融资方式一般为控货融资，即通过控制货物或物流，直接或间接地控制汽车并以此给予经销商采购融资。在直接销售模式下，常见的模式是银行与汽车厂家通过合作的形式，对终端用户进行融资，融资采用汽车抵押模式并由汽车厂家承担一定的责任。

（二）汽车进出口市场及融资需求分析

中国汽车进出口市场孕育着巨大的供应链金融服务市场，涉及汽车出口环节包括出口结算、避险与融资，以及进口环节包括进口结算、进口融资、关税融资、经销商融资、个人车贷等各个环节的金融服务，成为各家银行竞相争抢的优质市场资源。

（三）汽车厂家国内采购网络及融资需求分析

汽车厂家上游供应商为钢材、发动机、车桥、轮胎、零配件等的生产企业或贸易企业，汽车厂家上游供应商往往多达数百甚至上千家，大型汽车厂家（如通用汽车）上游供应商则更是多达数千家。大型汽车集团一般通过专设集团采购中心（或分公司、子公司各自成立采购中心）负责集中采购，对上游企业的支付结算则根据不同情况由各采购中心、集团财务总部或分公司、子公司财务部进行，并通过内部授权或管理制度对采购中心或财务部门的职责进行分工和授权。因此，在实际操作中存在采购中心和财务部门作为合同主体的情况，会对其上游供应商向银行申请融资造成一定阻碍。

与汽车厂家相比，上游供应商大多为中小型企业，在与汽车厂家的交易中往往处于相对弱势地位，多以赊销方式向汽车厂家销售并形成应收账款，毫无疑问，上游供应商面临着较大的资金压力。为解决上游供应商的融资需求，银行可以受让应收账款（保理）或对上述应收账款设定质押而为供应商提供融资支持，对于上游供应商为贸易型企业的，也可以通过控制其购销物流和资金流为其提供融资。

四、提高我国汽车产业供应链金融服务水平的对策

（一）完善相关法律制度

完善的法律制度可以保障和支持金融服务机构的发展。汽车金融机构的服务业务有着明确的借贷关系，这种关系是以汽车交易作为基础的。从借款人角度来说，要使他们的合法权益受到保护就必须有《中华人民共和国消费者权益保护法》这样的法律作为基础，同样对金融机构来说，完善的法律也是融资安全顺利进行的保障，它能促进汽车产业供应链金融服务的发展。制定并完善与汽车金融服务相配套的法律法规，应从以下几个方面入手。

1.建立半浮动担保制度

根据目前的《中华人民共和国担保法》和有关担保的法规，个人消费信贷尚不具备约束力和规范性，降低了消费信贷的可操作性。浮动担保是企业以其现有的和将来取得的全部资产，为债权人的利益而设定的一种担保物权，企业在担保期间仍然可以对财产进行处置。我国目前还未建立诚信制度，直接借鉴国外经验进行浮动担保难以有效执行，想要激发融资活力可采取在浮动担保的基础上附加条件的半浮动担保。这也是我国目前汽车金融服务发展的现实选择。

2.建立征信法律制度

征信法律制度的建立是汽车金融风险管理的一个重要方面，我国目前来说还没有专门的法律来规范消费信贷。当前人民银行组织的诚信体系建设已经有了初步成效，但在涉及个人信用资料的征集、保密等方面，在法律法规上仍是一片空白。因此在已经发布的《征信业管理条例》基础上应该尽快颁布信用消费法以及其他与信用、消费金融相关的法律、法规和实施细则，加快征信制度的建设步伐，确保征信制度在全社会建立的强制性和实施的力度。

3.推广汽车抵押登记制度

在我国首先推出机动车的抵押登记制度的是广东省，这一做法应该在全国其他省市分批逐步推广。消费者在向银行等金融机构申请融资前，必须将汽车作为抵押物。这个制度既避免了因重复抵押和汽车转让等给金融机构带来的风险，同时也为消费者购车提供了充足的资金。

（二）建立完备的风险管理体系

1.构建汽车金融服务个人信用体系

衡量一个国家汽车金融服务是否发达的重要标志就是汽车金融服务的信用。构建完备的风险管理体系首先就应该建立个人信用体系，因为这一体系可以有效控制汽车金融服务风险。我国的个人信用体系目前还不健全，这就使汽车金融机构在开展汽车消费信贷业务时只能了解客户的资产状况，无法准确界定客户的偿还能力和信用等级，也使得该项业务的风险无法评估。因此构建个人信用体系是促进汽车金融业务发展的重要手段。

我们应该从以下几个方面来构建个人信用体系：

首先应该建立个人信用评价体系，建立调查与评价个人信用的中介机构。中介机构应该依据公正、客观的原则和科学的评估方法对客户的风险等级进行准确评估。

其次建立个人资信档案。汽车协会可作为主体筹建个人信用数据库，商业银行、保险公司和证券公司等金融机构加入协会，互通分享客户的资信信息，内部协会会员可免费查询信息，对协会外部组织和个人则采取有偿方式查询信息。

最后还需要建立个人信用的担保制度。在国外，第三方担保贷款是有专业化的担保公司进行的，我国应该尽快成立个人担保公司，简化贷款的手续，加强风险应对。

2.建立汽车金融机构风险控制体系

建立汽车金融机构的风险控制体系要从制度建设、人员管理等方面来入手，完善汽车金融服务机构内控制度和客户的信用评估制度，提高汽车金融服务从业人员的风险意识和风险防范能力。

汽车金融服务机构应该建立严格的内控制度。有效的内控制度可以帮助决策组织者充分了解内控方面存在的问题，提高业务决策的科学性、准确性，在公司内部严格制定各个程序，定期组织效率测试，并将测试结果作为评价员工工作的重要标准。内控预警系统也是必不可少的，该系统除了可以及时发现生产经营中出现的问题，还可以预知可能会出现的错误和问题。金融机构应当建立定期实物盘点、账证核对、账账核对的制度，对业务活动的监督不应该只停留在事中和事后，还应该在事前进行监督，此外，如果想把业务风险降到最低，还应该建立预测预报系统。

（三）加大汽车产业供应链金融产品创新方案

目前我国汽车金融服务在产品品种方面不能满足金融体制改革的需要，一定程度上不符合汽车产业飞速发展的趋势。虽然目前我国的汽车金融服务在产品上受到一定政策限制，但是从长远的发展方向来看，我国目前的金融服务市场可以借鉴和应用国外已有的成熟产品。在借鉴国外开发的产品的同时，还要培养从客户角度出发的思维方式来研发产品。在掌握汽车产业和金融产品特点的基础上，了解客户和消费市场的需求，推出真正适合我国汽车金融特点的产品。

随着汽车金融服务市场的发展，购车贷款已经不是汽车消费者对金融服务的唯一需求，消费者更加关注汽车保险、售后服务等一系列相关金融服务。专业的汽车金融机构的兴起，使得其所提供的信贷、融资等业务可以涵盖生产、消费、销售等各个环节，还可以将维修和保养作为金融产品的附加服务。消费客户可以根据自身情况，对还款方式、首付比例等进行选择。

成熟专业的汽车金融服务机构在铺设汽车销售网络时，便已经开始向制造商、经销商及消费者提供融资支持和其他金融服务，包括对经销商提供的库存融资、营运资金融资、建店贷款、设备融资及财务咨询等服务；对汽车生产厂商提供的全方位销售策略、市场信息服务、销售体系等服务；对客户提供的汽车消费信贷、用户集群融资、汽车维修融资、租赁融资及保险等服务。上述一系列的金融服务不仅涵盖汽车产业售前、售中及售后的整个过程，也延伸到了与汽车相关的其他领域。

对汽车产业的整体融资方案的研究以围绕核心企业（即汽车厂家或汽车进口企业）开展的“M+1+N”汽车产业供应链金融服务为主。“M+1+N”汽车产业供应链金融服务网络是指基于核心企业（即“1”）的采购和销售链条，分别为其上游的多家供货商（即“M”）或下游的多家采购商（即“N”）提供的应收或预付类贸易融资服务。

在该模式中，核心企业（一般为汽车厂商）具有资信及履约能力较强的特点，因此能成为各业务模式项下的“责任主体”，在对上游供货商提供的应收类融资业务中，核心企业为债务人或付款人，承担按约定期限付款的责任；在对下游经销商提供的预付类融资业务中，核心企业承担按约定发货、调剂、销售、回购、连带责任保证等责任。

在上述供应链融资模式中，核心企业成为上游供货商或下游经销商“增信”的手段，成为风险控制的主要关注点，而汽车厂家所具有的较高的信誉、较强的履约能力成为供应链风险控制中的重要依托。

加大汽车产业供应链金融市场的产品创新，包括按照目前汽车市场的细分类别对金融服务方案进行个性化量身定制及产品推广。以下将从乘用车经销商、商用车经销商、汽车出口商、汽车进口商及经销商集团五个角度对产品进行介绍及分析。

1.乘用车经销商金融服务方案

该模式主要针对全国汽车厂商的一级经销商提出融资方案建议，主要原理为通过“先票后货”的方式由金融机构将融资款定向支付给汽车厂商，然后由厂商按照三方协议约定将车辆或合格证运送至银行进行监管，最后经销商销售车辆后，将货款用于偿还银行融资。按照对车辆或合格证的监管方式不同，该方案主要分为三种模式：物流公司驻店监管车辆模式、银行集中监管合格证模式及物流公司驻店监管合格证模式。

乘用车销售金融服务网络项下常用的操作模式主要为合格证监管模式。该监管的执行人可以是物流公司或银行自身。该种模式是基于合格证的特殊用途及地位产生的。

首先，“汽车合格证”即机动车出厂的合格证明，是随车配发的证明汽车整车合格的合法文件，具有唯一性的特点。合格证主要载明了汽车生产厂商名称、厂商标识及对应的防伪信息等。对于汽车厂商而言，合格证是汽车生产企业对消费者提供的证明该车辆合格出厂的唯一文件，如果车辆没有合格证，汽车出厂后就不能按规定进入销售环节；对于车辆所有者来说，合格证是办理车辆注册登记时提交的必要法定证明文件之一，如果没有合格证，车辆所有者就无法在车辆登记部门办理登记及保险手续，便无法实现车辆正常的上路使用；而对于车辆管理部门来说，合格证更是监管部门对车辆进行管控的有效手段。故金融机构站在风险防控的角度认为，监管汽车合格证即对车辆做出了有效控制，可以通过对合格证进行监管，为汽车经销商提供向厂商购买汽车的融资。

合格证监管的操作模式为：银行与经销商、汽车厂家签订业务合作协议，给予经销商融资用于满足其订购汽车的资金需求，汽车厂家收到货款后直接向经销商交付汽车，同时将汽车合格证交付给银行，经销商将销售车辆所得的款项支付给银行，银行向经销商释放汽车合格证，经销商将释放后的合格证用于办理相关手续。

合格证监管融资的具体操作流程一般为：汽车厂家、经销商与金融机构签署三方业务合作协议，约定金融机构的融资款项定向支付给汽车厂商后，汽车厂商将与车辆对应的合格证寄送至银行。具体操作为：由经销商向金融机构提交融资申请；金融机构向汽车厂家定向付款；汽车厂家按照三方协议要求向银行交付汽车合格证，同时向经销商交付汽车；经销商用销售车辆所得款项向银行付款，金融机构向其释放与款项对等的汽车合格证，如此循环操作，直至汽车合格证全部释放完毕；如经销商违约，通知汽车厂家调剂销售，并将销售款项支付给金融机构偿还融资。

该模式有以下特点：①规避了传统车辆质押手续的烦琐，减少了对车辆监管的环节，车辆合格证相对来说便于保存和清点；②汽车经销商对车辆的存放不受金融机构的监管限制，方便在4S店进行展示及推广。

2.商用车经销商金融服务方案

商用车经销模式对比乘用车模式来讲较为单一，其在销售方面的金融服务方案之所以有别于乘用车，主要是因为其范围涵盖客车、货车、重卡等，其中货车中的自卸车主要用于煤矿、工矿厂区建设，不像乘用车一样用于上路载运乘客，故商用车的使用不一定严格遵循上牌登记的流程。因此，商用车销售网络金融服务中，对物流的控制严格限定于银行或物流公司对实物车辆进行控制，或生产厂家愿意承担连带责任担保，由此产生的业务模式主要有：保兑仓业务、厂仓银业务、厂厂银业务、国内买方信贷业务、融资租赁专项贷款模式等，下面简单介绍不同业务模式的具体内容。

（1）保兑仓业务

指金融机构向汽车经销商提供资金，用于满足经销商向汽车厂家订购汽车的资金需求，汽车厂家受托按照银行指示发货，在经销商向金融机构支付提车的款项后，金融机构通知汽车厂商按照指定数量发货，完成资金流和物流的匹配。该种模式适用于商用车汽车厂家经销模式，经销商应是汽车厂家认可和推荐的。

（2）厂仓银业务

指金融机构向经销商融资用于满足其订购汽车的资金需求，汽车厂家收到金融机构的货款后直接发货至指定的监管场所并转为动产质押，物流公司受托保管汽车并按金融机构通知发货，完成资金流与物流的最终匹配。

（3）厂厂银业务

指经销商向汽车厂家采购商用汽车并定向销售给下游终端用户，融资提供方以封闭物流和资金流方式为经销商提供资金融通，汽车厂家确保厂厂银业务项下货物（汽车）发往指定到货地点和收货人（即终端用户），终端用户在约定时间内以协议规定的付款路径向金融机构支付货款。

该模式适用于汽车厂家通过经销商销售汽车，且一次性采购金额较大，经销商上下游关系稳定的情况。

（4）国内买方信贷业务

指融资提供方通过与汽车买方（终端用户、法人或自然人）、汽车厂家签订业务合作协议，以分期还款形式发放的中长期贷款，用于满足汽车买方向汽车厂家采购汽车时的融资需求，由汽车厂家承担无条件回购责任或连带责任保证等。“无条件回购责任或连带责任担保”是指在相关债权债务关系下，如发生终端用户无法偿还贷款时，由汽车厂商负责相关债务的偿还。

该方案适用于汽车厂家直销模式，融资对象为运输公司、公交公司、客运公司、旅游公司等商用汽车的终端用户，也可以为自然人。

（5）融资租赁专项贷款模式

根据汽车厂家（或其经销商）、融资租赁公司与承租人签订的融资租赁合同和购销合同，以及汽车厂家与融资租赁公司签订的融资租赁银企合作协议，为融资租赁公司提供专项贷款，该贷款专项用于融资租赁合同项下机械设备的采购。该业务项下由汽车生产厂家承担无条件回购责任或应收租金债权受让责任。

该模式适用于融资租赁公司采购商用汽车，并将汽车向其下游承租人出租的情况，融资对象为融资租赁公司。

3.汽车出口商金融服务方案

对于汽车（包括乘用车及商用车）出口销售，金融机构可为汽车进口企业提供打包放款、出口押汇、福费廷等贸易融资产品，帮助企业规避出口收汇风险。

汽车工业协会统计数据显示，中国出口汽车主要销往发展中国家和地区。对于汽车出口企业（主要为汽车厂家），可提供包括打包放款、出口押汇、出口保理等在内的一系列出口贸易融资产品。同时，由于汽车出口目的地多为出口收汇风险较大的国家和地区，出口信保押汇和IFC（International Finance Center，国际金融公司）担保项下贸易融资业务既能满足出口企业贸易融资需求，更能帮助企业规避出口收汇风险。

（1）出口信保押汇

指汽车厂家（出口商）在向中国出口信用保险公司（以下简称“信保公司”）投保了短期出口信用保险并将赔款权益转让的前提下，在货物出运后，金融机构凭汽车厂家提供的出口单据、保险凭证、赔款转让协议等，按货物价值的一定比例有追索权地为汽车厂家提供短期资金融通并以相应的出口收汇作为还款来源保障的贸易融资业务。

（2）担保项下出口贸易融资

指汽车厂家以信用证等结算方式出口汽车至新兴市场国家和地区，金融机构在由IFC提供支付担保的情况下为汽车厂家提供打包贷款、出口押汇以及信用证保兑等业务。该业务有助于汽车厂家拓展高风险国家和地区市场，规避出口收汇风险。

4.汽车进口商金融服务方案

进口汽车大多为乘用车，因此其方案以进口及销售乘用车为主。在乘用车进口阶段，以进口控货开证产品满足企业进口融资需求，汽车进口企业需要缴纳一定比例的保证金，在控制信用证项下未来货权的基础上为其开立进口信用证，货物（汽车）到港后转为动产质押。在乘用车销售阶段，可为汽车进口企业位于国内的销售网络（经销商）提供预付类融资业务。

对于国际知名品牌汽车（尤其是乘用车）的整车进口贸易企业，可研究涵盖全程的一揽子供应链融资解决方案，对其汽车进口及销售各环节提供金融支持，包括从进口整车、关税融资，直到车辆分销、经销商融资、终端用户购车贷款的整个过程。

（1）进口阶段：整车进口控货开证

指金融机构应汽车进口企业（以下简称“进口商”）的申请，在对信用证项下的未来货权进行有效控制的基础上，部分免收进口商的开证保证金，为其办理的开证业务。进口汽车到港后转为动产质押，可为进口商办理进口押汇融资。

该模式适用于以信用证方式结算的汽车进口商，进口汽车应为国际知名品牌，且在国内有一定的市场基础。

（2）国内销售阶段：对经销商融资

在乘用车国内销售阶段，根据乘用车4S店为汽车进口企业自有还是非自有，分两种情况：对于4S店（即经销商）为汽车进口企业自有的情况，则可通过物流公司对质押的汽车进行移库操作，由原监管场所转移至自有4S店继续进行监管。对于4S店不是汽车进口企业自有的情况，金融机构可为4S店融资，并将融资款项用于归还汽车进口企业的融资本息，之后按照厂仓银业务中的物流公司驻店监管模式进行操作，偿还4S店的融资本息。

5.经销商集团金融服务方案

汽车流通业属于资金密集型产业，经销商在新车货款、场地租赁、店面建设、零部件储备等方面都需要大量资金。针对近两年经销商集团发展的特点，将其金融服务需求概括为如下几点。

（1）变三方融资业务为两方融资业务

相对于传统的三方融资业务，经销商集团更需要两方融资业务的支持，随着经销商集团的不断发展，传统的"三方合作为经销商提供库存融资"的金融服务业务因存在财务自主性差、控车控证监管方式成本较高等问题，已经不能满足经销商集团的需要。经销商集团在库存车辆融资方面也主动脱离汽车厂家的控制，从三方融资业务逐渐向两方融资业务转移，寻求在资金方面的更大的自主性与主动性。

（2）经销商集团的扩张对融资需求变得强烈

区域性与全国性经销商集团正在积极并购其他经销商或经销商集团以进一步扩大市场份额，对并购贷款产生较大需求，一般会将并购企业的股权作为抵押，按照并购额的50%寻求金融机构并购贷款。同时，经销商集团获取品牌授权后自建新的店面，对金融机构的贷款需求较大。经销商的店面建设工期较短，且因缺少有效抵押物，传统项目贷款不能满足经销商集团新建店融资需求。经销商集团新建店面基本处于当年建设当年营业的状态，且以目前市场情况判断，多数高端品牌店面建设的成本回收期均在三年以内。因此，经销商集团希望金融机构能够将此类贷款视同中期流动资金贷款，除第一年只付息不还本金，贷款期间均可按期还本付息。

（四）拓展汽车金融公司的融资渠道

目前我国金融服务的主要机构仍然是商业银行，但是商业银行缺乏专业优势，在客户管理和风险评估方面未能形成有效的运营。而国内的汽车金融公司融资渠道较为狭窄，主要的融资渠道还是银行存款，这种融资方式提高了企业的财务杠杆，增加了资金成本。

要发展好汽车金融，必须拓展其融资渠道，可以从以下几个方面入手：

①可以用应收账款质押方式来向银行贷款，这类资产具有稳定的收益，一方面可以保证汽车金融公司在业务扩张不受影响的前提下，获得资金支持；另一方面还可以使商业银行获得资产抵押，资金风险大为降低。②对于有良好未来收益和稳定的现金流量作为保证的资产，汽车金融公司可以采取资产证券化方式来融资。当前国内汽车消费贷款不断扩大，预期收益前景很好，资产证券化最合适的突破口是汽车消费贷款的证券化。③可以发行商业票据和公司债券，汽车销售中有大量具有稳定流量的应收账款，汽车金融服务机构想发行公司债券可以采用长期应收账款向银行质押的方式，发行融资性票据则可以通过用短期应收账款向银行质押的方式来实现。

第三节　汽车产业供应链金融主要的融资方式

汽车产业供应链金融主要的融资方式可分为三种：预付款类融资模式、应收账款融资模式和存货类融资模式，以下分别对三种模式进行简单介绍：

一、预付款类融资模式

预付款类融资模式是指签订购销合同的双方、物流监管企业以及商业银行等机构签订四方协议，购买方以购销合同项下货物对应的仓单和货物的提货权作为质押物，在向商业银行等金融机构支付一定比例的保证金后申请贷款的行为。在该模式下，物流监管企业负责货物的运输和保管以及向银行等金融机构提供货物监管信息。在汽车行业中，该模式一般解决汽车经销商在进行商品采购时出现的资金短缺的问题；汽车经销商借助其上游核心企业（汽车厂商）的信用向金融机构申请质押贷款从而缓解其预付货款的压力，将所获得的贷款用来向核心企业即汽车厂商进货。

预付款类供应链融资模式的流程如下。

①汽车经销商与汽车厂商签定购销合同，然后汽车经销商凭借购销合同向银行等金融机构提交一定比率的保证金。

②银行对其交易行为的真实性进行审核，并在收到保证金后给汽车厂商开出承兑汇票，或直接将货款划到汽车厂商在银行的指定账户。

③汽车厂商在收到银行承汇票或者划拨货款通知后，根据汽车厂商、经销商以及银行签订的三方协议的要求，在约定的时间内将购销合同项下对应的货物发送到指定的物流监管仓库。

④在物流监管仓库对该合同项下货物进行验收合格后，汽车经销商与商业银行签订质押合同，将仓库内的货物质押给银行。

⑤物流监管企业向银行等金融机构提供物流监管信息。

⑥汽车经销商根据业务进度向商业银行补款请求发货。

⑦银行收到补款后，向监管仓库发出放货指令。

⑧汽车经销商不断补款提货，直至补足全额保证金。

该模式下货物的所有权归商业银行所有，相当于汽车经销商分期向商业银行付款的融资模式。同时，汽车厂商也会与商业银行等金融机构签订回购协议，若融资方未提取全部货物，汽车厂商会回购剩余货物，降低了商业银行等金融机构的信贷风险。

二、应收账款融资模式

汽车行业的应收账款融资模式是指行业内上游原材料及零部件供应商将企业内尚未到期的应收账款债权转让给商业银行（保理公司、信托）等金融机构，提前获取资金，商业银行等金融机构在应收账款到期时收回贷款资金的融资模式。一般来说，上游零部件供应商相对于核心企业而言，规模较小且分散，在交易谈判过程中不占据优势，因此，它们往往会采取向核心企业提供除销的方法来提高自身竞争力，从而获得核心企业的订单。由于汽车行业的应收账款账期一般较长，除销结算的方式会导致上游零部件供应商的大部分资金被核心企业占用，造成资金的流动性差。为了不影响正常的生产经营活动，这类企业通常会向银行等金融机构申请融资业务来解决暂时性的资金短缺的问题。然而，由于上游供应商财务制度不健全、交易真实性难以确认、可抵押资产较少、资金的流动性差等原因，很难达到商业银行的授信标准，在贷款时经常处于弱势地位，导致贷款难或者成本较高，融资难问题日益严重。

以下通过一个案例对应收账款供应链融资模式进行简要说明：现有A公司，是一家汽车行业的零部件供应商，为其下游的B公司（整车制造商）提供汽车生产制造的各种零部件，B公司在整个供应链中相对于A公司而言处于强势地位，A公司为了取得B公司的业务订单合同、扩大产品销量，会为B公司提供不同账期的销售结算方案，由此A公司会产生大量稳定的应收账款。一段时期内，A公司的一部分资金被B公司占用。

A公司因为资金流动性差，可抵押担保资产较少，资信水平低，难以获得商业银行的贷款。通过应收账款融资模式，A公司可以借用核心企业信用增信向商业银行等金融机构申请融资业务，解决暂时性的资金困难，其具体操作流程可概括如下。

①上游的零部件供应商A公司和汽车制造加工商B公司签订购销合同。

②A公司发货，核心企业B公司将货物进行入库验收，并确认收货。

③B公司在收到货物后，根据送货单明细生成PO（purchase order，采购订单），并将采购订单送至A公司和商业银行。

④A公司开具增值税发票（在增值税发票上标注应收账款债权转让事项），交由银行申请保理授信。

⑤商业银行等金融机构根据A公司开具的发票以及B公司发来的采购订单，对其交易真实性以及应收账款金额等进行审核，然后将增值税发票寄往B公司。

⑥B公司向商业银行等机构签订担保承诺书。

⑦商业银行等机构向A公司发放贷款。

⑧B公司定期向商业银行等机构指定账户还款。

在该种模式下，A公司可以将应收账款及时变现，获得资金，这有利于A公司开展可持续经营活动。但是，该模式对于交易的真实性以及核心企业的信用存在较高要求。一旦核心企业违约，商业银行等金融机构将面临非常大的损失。

三、存货类融资模式

在汽车行业内，存货类融资模式是指经销商将其合同项下的存货等动产质押给商业银行等金融机构，并将其存货未来销售产生的现金流作为还款依据向金融机构申请融资。在该模式下，存货等质押物交给金融机构指定的物流企业进行监管，物流企业向金融机构提供货物监管信息；金融机构在经销商将销售回款存入指定的官方账户后，逐步发出放货指令，经销商以此为依据去物流仓库提取质押物。

该融资模式的具体操作流程如下。

①汽车经销商、商业银行（或其他金融机构）、第三方物流监管企业三方签订仓储监管协议。

②汽车经销商向资金方指定的第三方物流监管机构交付抵质押物。

③第三方物流监管企业向商业银行提供抵质押物监管信息。

④商业银行对货物信息进行审核后，为汽车经销商提供授信，发放贷款。

⑤汽车经销商将车辆出售后，将货款按一定比例划入商业银行指定的监管账户。

⑥商业银行等金融机构根据汽车经销商的还贷情况向其提供提货单。

⑦商业银行向第三方物流监管企业发出放货指令。

⑧第三方物流监管企业的融通仓根据银行的发货指令和提货单向汽车经销商分批交货。

一般在这种模式下，汽车制造厂商和银行会签订质押回购协议或担保合同，汽车制造厂商承诺在经销商违约时会负责偿还或者回购质押物；与此同时该模式对于物流监管企业的信用有着较高的要求，整个融资环节最主要的风险在于质押存货的真实性、是否会出现重复仓单质押等情况。

第四节　汽车产业供应链金融风险及难点问题

一、核心企业的道德风险

汽车行业的整个供应链融资链条可以划分为五类主要的企业，即供应商企业、核心企业（汽车厂商）、物流监管企业、下游的汽车经销商以及商业银行等金融机构。其中核心企业一般是体量庞大、信用等级较高的企业，因其在制造、技术、资本、管理等方面的优势，成为整合供应链信息流、物流和资金流的关键角色；供应商企业以及经销商企业一般体量较小，可抵押资产较少，信用等级较低，难以获得商业银行的授信。而在汽车供应链融资模式下，核心企业和上下游中小企业可以进行信用捆绑，银行等金融机构通过对核心企业的信用评级、综合实力以及供应链的整体管理能力等因素进行综合考量，对供应链中的节点企业进行授信。风险具有高度传染性，一旦核心企业因为经营不善等原因导致信用出现问题，其风险必然会沿着供应链进行传递，影响整条供应链的节点企业。另外，核心企业因其在谈判中占据重要优势地位，若对其上下游企业施加压力来实现自身利益最大化，就会出现大幅占用上下游企业资金的情况，迫使上下游企业向金融机构融资来维持正常的生产经营活动，这可能导致核心企业进一步挤占上下游企业的资金；除此之外，核心企业也有可能和上下游企业合谋获得融资授信，对银行等金融机构造成较大的信贷违约风险。

二、贸易真实性难以验证、信息造假风险

在供应链金融融资模式中，银行等金融机构基于真实的交易背景下，对交易环节出现的预付款、存货以及应收账款等给予授信融资，交易是否真实对于银行后续贷款收回具有较大的影响，因此银行对于交易的真实性必须进行严格审查。然而，供应链企业之间缺乏统一的信息管理系统，系统之间不互通，信息处理系统、模型不一，贸易信息主要依靠纸质单据传递，在此过程中容易出现仓单票据作假、应收账款重复质押等情况，对与融资对应的应收账款的违规操作可能会导致商业银行在融资过程中所获得的质押物价值受损，物流监管公司出于自身的利益最大化而提供假的货物监管信息，等等。银行对于信息的真实性审核难度大，一旦银行在不存在真实交易的背景下给予企业授信融资，容易造成大规模的坏账和信贷违约。

三、信用跨级传递问题

汽车行业的供应链条非常复杂，上游供应商供应上万种汽车零部件，供应商和经销商的信用评级相较于核心企业而言一般较低；核心企业一般是汽车的制造加工厂商，信用评级较高。从目前汽车行业的供应链融资现状来看，核心企业的信用能够传递到一级企业，其他的二级或以上的供应商或经销商则无法利用核心企业的信用进行进一步的融资，其主要原因在于在整个链条中，各级企业之间进行交易时传递的合同信息、供货发票信息、服务信息等，商业银行无法确保其真实性，且审核信息成本较高。

为了降低审核成本以及较大违约可能性给自身带来的损失，商业银行等金融机构将业务往来对象限定为与核心企业产生直接交易行为的一级企业，并为其提供授信额度，而对于二级或者二级以上的企业来说，则难以获得授信，核心信用无法跨级传递，对于上下游中小企业而言较难获得融资，且融资成本很高。

四、商业银行等金融机构风险控制问题

在汽车行业的供应链融资模式下，整个融资过程中参与主体、交易的环节较多，各主体之间的关联度增加，在实际的操作过程中需要对可能产生的各种风险点进行管控。例如，对于商业银行而言，在开展放贷前的尽职调查时，需要花费大量时间和成本对交易的真实性，交易主体的历史交易信息、信用状况，融资方的履约风险以及核心企业的信用风险等进行调查；在放贷时，需要调查应收账款、仓单等是否存在造假以及重复质押的情况，物流监管公司的货物仓储信息是否存在上报不及时或信息有误的情况；贷后合同项下的款项是否能及时收回，货物是否能够及时交付等情况。在传统供应链金融的模式下，为了避

免出现信贷违约等问题，商业银行需要对整个流程进行严格把控监管，但与此同时，银行等机构对于风险的把控主要依赖人工审核，这种方式成本高、效率低，无法高效整合数据且极易出现操作风险。该模式下各主体之间无法完全信任，监管难的问题也极大制约了供应链金融的进一步发展。

第七章　产业供应链金融创新的实例分析

第一节　供应链金融支持传统家具产业转型升级

传统产业在国民经济中举足轻重，通过供应链金融支持传统产业转型升级，不但可以提高供应链中资金的利用效率，解决现阶段的资金需求问题，同时可以强化供应链管理，促进供应链稳定健康发展。

供应链金融支持传统产业转型升级发展是一个迫切的现实需求，对于我国构建“双循环”新发展格局具有重大意义。通过分析供应链金融支持中国家具产业转型升级的宏观背景和供应链金融支持南康家具产业转型升级的微观案例，为供应链金融支持传统产业转型升级，推动供应链思维优化传统产业综合性金融服务，为以中小企业为主的传统产业提供多元高效、价廉质优的资金融通产品，具有一定借鉴意义。

一、南康家具产业情况介绍

（一）南康家具产业发展历程

1.初创期（1997—2006年）

早在改革开放初期，南康就有一批剩余劳动力赴广东家具企业务工，木匠杜永红于1993年开返乡兴办家具企业之先河，南康家具产业肇始。1997年发生的两件事标志着南康家具产业进入初创期：一件事是南康建成运营面积达1万平方米的江西省最大的家具专业市场；另一件事是南康发布首个家具产业发展五年规划，政府层面谋篇布局家具产业发展，有序引导家具产业工人返乡创业。到2005年，南康家具首次产值达到10亿元。到2006年，南康成立家具研究协会；获评唯一的“江西省家具产业基地”；全市家具产业企业达1212家，从事家具生产、销售的人员5万多人，其中98%是农村富余劳动力。全年生产家具180多万套（件），家具产业实现工业总产值12.8亿元，比上年增长25%，工业增加值2.798亿元，比上年增长24.91%，纳税总额达979.88万元。新创家具品牌5个，新建家具市场面积12万平方米。这些都为南康家具进入成长期铺平了道路。

2.成长期（2007—2016年）

2007年，南康设立家具产业发展办公室，发展家具产业成为共识共谋，为家具产业的迅速壮大提供了组织保障。南康家具产业集群总产值在2016年首度突破千亿，家具企业数从2007年的1439家增加至2016年的7548家；从业人员数从2007年的5.4万人增加至2016年的30余万人，实现了跨越式发展。

这十年，中国（赣州）家具产业博览会成为产业重要平台，南康家具市场成为江西省电子商务示范基地，南康拥有全国首个进境木材内陆口岸——赣州国际陆港等。这一阶段的南康家具产业经历了从生产以杂木为主材的“小散乱”水货家具，升级到以橡胶木为主材的品质家具的过程，南康家具产业成功实现“由小到大”“由弱到强”的转变，一举成为江西省传统产业转型升级的标杆，享有“全国最大的家具生产基地”和“全国林业产业集群发展典范”的称号。为南康家具迈入集群发展、转型发展和创新发展的高质量发展道路奠定了坚实基础。

3.成熟期（2017年至今）

2017年6月，南康区获国家林业局（现为“国家林业和草原局”）授予的“中国实木家居之都”称号，这标志着南康家具产业步入成熟期，正努力向产业中高端迈进。这一阶段，南康家具产业围绕研发设计，高标准建设运营南康家居小镇，出台了实木单层床、餐桌椅团体标准等行业标准，与南京林业大学、北京林业大学等合作建立家具部件库，引入一流设计团队，致力于由简单模仿向原创设计的转变；围绕品牌升级，打造“南康家具”集体商标，出台使用规范，成立运营机构，致力于由代工贴牌向自主品牌的转变；围绕智能制造，与北京理工大学等合作，打造智能化生产示范线，降成本、提效率，致力于由粗放生产向智能制造的转变；围绕融合发展，引进格力电器等泛家居旗舰型企业，促进“家电＋家具”双核发展，致力于由家具向家居的转变；围绕“港镇”建设，依托赣州国际陆港建设世界家具木材集散地，依托南康家居小镇集聚高端生产要素，实现优质木料全球买，品质家具全球卖。

（二）南康家具产业发展现状

2020年南康家具产业集群产值突破2000亿元，集群规模以上企业583家，实现营业收入277.11亿元；从业人员近50万人；R&D（research and development，研究与发展）总额为46309.3万元，较上年增长58.4%；有国家级研发平台2个、省级研发平台5个、市县级研发机构2个、企业自主研发设计机构175个；副高级以上职称人员1573人、本科学历以上人员12325人、技工人才1972人、职业培训学校16所；集群总产值占全国该行业的6%。

南康以实木家具生产为主，每年使用橡胶木、胡桃木等木料约400万立方米，95%依赖从北欧、俄罗斯和东南亚等地进口。主要产品有实木床、沙发、餐桌椅等套系产品，产品涵盖高中低档，以中低档为主。南康区现有专业市场16家，围绕家具产业链的物流注册企业238家，国内物流线路超630条。

“十三五”期间，南康区锚定“全国乃至世界家具集散地”目标，全力建设“现代家居城”，以全产业链发展为路径，实现了迈上千亿产业集群阶段目标。

1.空间布局更加合理

高标准规划建设了17个家具生产集聚区，建成标准厂房1120万平方米，在建1000万平方米，拓展了企业发展空间。促进园区加快生产环境和机械设备升级，生产管理规范有序。

2.配套服务蓬勃发展

南康家具产业围绕“一镇、一会、一通道”延展，产业服务配套不断完善。家居小镇聚集了一批研发、设计、销售、品牌运营等各领域高端人才、高端要素，意大利、西班牙等国一流设计师和阿里巴巴、拼多多、京东、红星美凯龙、月新集团、居然之家均已入驻。到2022年5月，中国（赣州）家具产业博览会已成功举办了九届，第九届家博会突出展示数字经济运用，推出了家居元宇宙、虚拟数字人、虚拟直播间、数字云货架等新技术、新业态。

3.智能制造方兴未艾

2021年，赣州市政府及南康区政府与宁波研究院分别联合共建了赣州市智能产业创新研究院和赣州市南康区家具智能制造创新中心研究院，打造了一批智能化和定制化的车间。通过发挥行业龙头企业优势，鼓励龙头企业建设共享喷涂中心，推进一批有实力的家具企业进行喷涂技改，建设了智能共享喷涂中心、共享水性漆涂装工厂等。建成亚洲最大的橡胶木备料工厂“城发智能制造共享智能备料中心”。

现阶段，南康区正认真贯彻落实《赣州市家具产业集群发展规划（2021—2025年）》，按照“集群化、高端化、专业化、品牌化、多元化、绿色化”方向，围绕“重点项目、品牌提升、绿色发展、提档升级、企业培育、智能制造、线上线下融合”阶段任务，奋力推进建链、延链、补链和强链，推动南康家具产业高质量转型升级发展。“十四五”时期重点聚焦以下四个方面的任务：

①培优扶强壮大龙头骨干企业，加大对全球家具产业头部上市企业、知名电商平台等的招商工作，集中优质资源、优惠政策和优质服务，加大本地企业培育扶持力度，增强规上企业实力，制定“一企一策”龙头培育方案，打造一批产业链上的“链主”企业，梯次培育一批产值超100亿元、50亿元的引领型企业。

②实施“南康家具”品牌提升工程，探索建立行业一流的实木家具、绿色家具和智能家居“南康标准体系”，加快推广“南康家具”集体商标，建立品牌形象维权机制，培育1000家以上拥有自主品牌的生产企业和超100家江西名牌产品家具企业，开展品牌培育计划和“百城千店”战略，支持本地家具出口企业进行马德里商标国际注册。

③强化全产业链高端要素集聚，加速人才、金融、研发、设计和智能等高端要素聚集，加快完善“一网五中心”数字化、智能化平台建设。

④强力推进企业智能智造升级应用，支持家具全产业链企业围绕大数据、供应链平台和共享经济平台，打造一批信息化企业和智能化标准车间，推进家具产业工业互联网和智能制造升级。

（三）南康家具产业存在的问题

南康家具产业正在经历高速发展后的矛盾凸显期，有些问题将影响南康家具产业的可持续高质量发展。

1.创新研发能力较弱，同质化竞争激烈

南康多数家具企业未涉足高端产品生产，企业研发投入和技术创新短板明显，在生产制造、产品研发设计或营销推广等环节均有所体现，南康家具产业

目前整体仍位于中低端水平，这将制约南康家具产业的高质量发展。集体创新易产生“搭便车”等问题。南康家具企业普遍存在“搭便车”问题，争相复制本地企业成功工作流程、营销模式、管理制度、爆款产品，这种“近亲繁殖”的现象严重挫伤域内集体创新的主动性和积极性，导致恶性竞争和利润空间压缩。南康家具产业转型升级，面临将家具这一传统产业引导向现代、高端、智能化方向发展，打破原来依靠压低成本、价格取胜的局面，提升南康家具产业集群的综合实力，压力巨大、任重道远。

2.龙头企业偏少，实力尚待加强

产业集群中龙头企业有强化产业链发展自主性和提高供应链稳定性的作用，在提高产业集群整体实力和竞争力的同时，能够带动产业链中小微企业发展，引领集群转型升级发展。南康家具产业集群面临龙头企业少、规模以上企业综合实力弱的问题。南康家具“繁星满天不见月亮”的困境亟待突破，对于一个产值超2100亿、拥有7500余家企业的大型产业集群来说，大中型企业数量远远不够，龙头企业的缺乏制约着产业质量标准和行业准则的发展。

3.企业品牌效应不强，市场定价话语弱

南康家具经过多年努力，已有中国驰名商标、中国环境标志产品认证、江西名牌，但存在知名品牌少、品牌影响力不足的问题。尽管获批“南康家具”集体商标，但企业单打独斗的局面没有根本转变，从行业整体看，产品主要位于价格、质量和品牌的中低端水平。

4.产业内部协同不足，集群效应有待释放

近年来，南康家具产业发展速度呈放缓趋势，尤其是受全行业下行和外贸形势恶化的影响，不少中小企业订单减少，生产经营出现困难。主要表现为：①研发设计、供应链管理、智能制造等短板有待弥补，许多中小微家具企业技术落后、生产粗放、管理松散，共享生产、协同研发不足。②木工机械、皮革、布匹、五金等配套材料生产商培育不够，增加了赴外地采购的成本，产业聚集效应有待进一步发挥。

二、产业供应链金融支持南康家具产业转型升级的主要做法

（一）赣州市银行机构开展家具产业供应链金融业务

从调研情况看，目前赣州市银行机构供应链金融业务主要有应收账款融资、信用证业务、国内卖方保理融资以及供应链信贷产品等，其中以应收账款融资为主，“十三五”期间，全市应收账款融资累计成交241笔，共562.6亿元，体量较小。

1.应收账款融资业务

2019年南康家具龙头企业——江西汇明生态家居科技有限公司（汇明集团）ERP系统与中征应收账款融资服务平台实现在线接入，交通银行赣州分行与汇明集团对其上下游家具企业开展在线供应链融资业务，汇明集团依托平台为上游小微企业解决约1.2亿元的融资需求，率先办理江西省内首笔在线供应链融资业务，实现了江西省应收账款线上融资的“零突破”。

2.信用证业务

2020年兴业银行赣州分行为中国林业集团江西枫禾实业有限公司（以下简称“枫禾实业”）提供1亿元敞口额度，枫禾实业主要通过进口木材为家具企业提供木材原料支持，2020年该行通过国外即期或远期信用证（保证金比例为10%～20%）支持枫禾实业从境外采购木材，企业通过10%～20%的保证金撬动100%的采购资金，2020年全年为枫禾实业开立信用证超过3500万美元。

3.供应链信贷产品

如赣州银行的家具“品牌贷”，南康区政府通过设立风险缓释金引导银行机构对南康区家具品牌企业提供授信，累计发放贷款163笔，金额共计3.42亿元。

南康区某家具企业是一家专注于生产实木套房产品的品牌企业，企业优

邦百木、简木、禾木系列产品深受消费者欢迎。受疫情影响，企业销售收入回笼较慢，又正值新品大量上市急需资金周转，企业仅用9个工作日，就完成了赣州银行南康支行300万元南康家具“品牌贷”产品的全部申请流程，获得了贷款。

（二）赣州发展供应链管理有限公司开展家具产业供应链金融业务

赣州发展供应链管理有限公司（以下简称“赣发供应链公司”）现为赣州金融控股集团有限责任公司全资子公司，注册资本5亿元。赣发供应链公司主要为企业客户提供企业供应链管理、供应链外包服务，自2017年开始进入木材采购市场，主要为南康及广东的木材企业提供木材代理采购服务。

例如，赣发供应链公司为江西佳宝贸易有限公司（以下简称“佳宝公司”）提供木材代理采购服务。佳宝公司是首个与赣发供应链公司合作开展国际和国内木材代理采购业务的客户，标志着赣发供应链公司开启了通过供应链金融业务支持南康家具木材行业发展的探索。项目具体流程如下。

①家具生产商根据生产需求向佳宝公司申请木材采购。

②佳宝公司根据客户采购要求，向赣发供应链公司申请为指定的境外木材供应商开立信用证，同时向赣发供应链公司缴纳10%保证金。

③赣发供应链公司按照要求，开立以境外木材供应商为受益人的即期信用证。

④境外供应商收到信用证开立通知，准备将货物装运至赣发供应链公司指定的货物接受地——赣州国际陆港；同时向开证主体——赣发供应链公司寄送单据。

⑤货物运抵赣发供应链公司仓库后，佳宝公司根据家具生产商需求分批提货，在支付货款后方允许提货，并同时结算资金占用利息。

再如，赣发供应链公司为深圳市森堡家俬有限公司（以下简称“森堡家俬”）

提供木材代理采购服务，创新增加了根据客户体量和周转速度两种指标来确定费率以及引入第三方公司作为监管公司的业务模式。项目具体流程如下。

①家具生产商根据生产需求向森堡家俬申请木材采购。

②森堡家俬根据客户采购要求或自身采购需求，与赣发供应链公司签订委托代理采购合同，委托赣发供应链公司向其确认的国内外供应商采购木材，同时向赣发供应链公司缴纳保证金。

③赣发供应链公司与其确认的国内外供应商签订木材采购合同，国内采购采取货到付款的方式，国际采购采取开立信用证、DP（documents against payment，付款交单）或TT（telegraphic transfer，电汇）等方式。

④国内外供应商将木材发货至赣发供应链公司指定的第三方监管仓，并由监管方和森堡家俬共同完成货物的验收入库工作，监管方向赣发供应链公司出具入库确认函。

⑤森堡家俬或其指定的第三方自行到仓库提货，赣发供应链公司向监管方发送放货指令方可出货。

⑥货物从监管仓发往森堡家俬或者森堡家俬指定的第三方提货客户。

（三）赣州发展商业保理有限公司开展家具产业供应链金融业务情况

赣州发展商业保理有限公司（以下简称“赣发商业保理公司”）于2020年登记设立，是由赣州金融控股集团有限责任公司出资1.5亿元发起设立的全资子公司，主营业务专注于应收账款融资、应收账款管理及催收、信用风险管理等综合金融服务。主要业务模式为基于核心企业的应收账款保理、联合保理（池保理）等；业务投放重点聚焦国家政策支持方向，从南康家具等重点产业入手，主要支持以赣州本土特色产业龙头企业为核心的上下游中小微企业。根据市场现状及企业发展的实际情况，探索出适合南康家具产业及家具企业的多种业务模式，如池保理、正反向保理等。

例如，诚达木业的保理业务。基于目前南康家具产业应收账款分散、小额、回款不规范等现状，赣发商业保理公司采取了池保理业务模式，即通过给予赣州南泰商业保理公司（以下简称“南泰保理公司”）池保理授信额度3000万元，将诚达木业在南泰保理公司的应收保理款纳入赣发商业保理公司池保理业务范围内，应收账款池中的应收账款可以以新补旧，满足应收账款余额达到保理公司的余额要求。

诚达木业作为家具成品制造企业的上游配套企业，为成品制造企业提供木材以及床子、床母等配件。为实现客户服务便利化，满足双方操作便捷性要求，赣发商业保理公司将诚达木业纳入对南泰保理的应收保理池内。

三、供应链金融支持南康家具产业转型升级的主要成效及存在问题

（一）产业供应链金融支持南康家具产业转型升级的主要成效

赣发供应链公司通过供应链金融手段开展木材代理采购和建立监管仓储平台，解决了家具产业上游木材企业融资难的问题，为家具企业降低采购成本的同时，节约了木材进口的时间成本。通过与全国各地较大的同行企业进行业务沟通，优化符合市场行情的业务方案与操作模式，引入专业的第三方监管公司和报关报检公司，极大地提升了工作效率。同时，引入有渠道资源的上市公司参与南康有关公司的混改，进一步支持南康家具产业的发展。

赣发商业保理公司通过上述模式开展业务，诚达木业在一定程度上缩短了账期，充足了现金流，获得了较好的资金支持，有利于诚达木业的长远稳健发展。同时赣发商业保理公司也在一定程度上降低了工作难度，简化了操作流程，提高了工作效率。有利于业务投放重点聚焦南康家具产业，满足家具中小微企

业的融资需求，加快企业资金回笼周转，提高扩大再生产能力，有利于家具产业链做大做强，同时也有利于供应链金融服务商积累经验不断丰富产品种类，不断创新业务，更好服务经济社会发展。

（二）产业供应链金融支持南康家具产业转型升级存在的问题

①缺少核心企业，批量授信难度较大，业务成长慢、规模小，综合金融服务供给少。目前，银行机构对南康家具产业企业的支持仍以对单个客户的逐笔授信为主，因缺少核心企业的增信和线上供应链金融服务系统支撑，难以开展基于供应链金融的批量授信。如工商银行赣州分行拟以汇森家具有限责任公司为核心企业，开展供应链业务融资，在核心企业批复后，因汇森家具有限责任公司供应商多为关联企业，一直没有营销进展。

②企业管理水平有待提高，上下游企业财务制度不规范，难以满足业务开展要求。南康家具企业均为中小微型企业，经营管理和财务管理均有待进一步规范，目前存在的主要问题有：上下游交易大多不签订合同；成品库存及销售信息统计靠Excel表；资金结算基本以个人账户甚至微信收付为主；纳税凭证基本无法反映企业销售情况；营业收入难以有效核实等，这些问题对开展供应链金融业务有较大困扰。

③基础信息获取难，参与方合作深度不够，信息不对称问题较大。南康家具产业企业普遍存在应收账款分散、小额、回款不规范等问题，目前还缺少统一的信息平台对家具产业小微企业产供销、水电煤及纳税、收支流水等数据进行整合，银行难以获得足够的数据进行交叉验证，制约了金融产品的创新和家具产业金融服务的“增量扩面”。

④涉及木材进口、家具出口等的供应链金融业务，对从事国际贸易的团队要求较高，需要供应链金融服务商提升业务素质和能力，了解国际政治经济形势、国际交易相关法律法规。涉及的国际进口结算受汇率影响，工作量较大，人力成本较高，影响银行机构开展业务和创新产品的积极性。同时，开展供应

链金融还存在法规制度不完善、信用体系不健全、风控措施不周全等问题。

四、产业供应链金融支持南康家具产业转型升级带来的启示与政策建议

（一）产业供应链金融支持南康家具产业转型升级带来的启示

1.要提高供应链金融专业化水平

供应链金融支持南康家具产业转型升级的参与方众多，从政府主管部门到金融机构，从供应链管理公司到商业保理公司，他们从各自不同的领域对供应链金融支持家具产业转型升级进行了有益探索，并不断改善服务水平，形成了一些可复制的服务流程、路径和经验。但是从总体上看，这些探索仍然是尝试性的“摸着石头过河”，各自为战的局面亟待改善。下一步，需要政府部门出台专门的政策文件和奖励措施，激励参与各方组成专业协会、培养专业人才，高效促进信息流、资金流、物流的共促、共护、共享。不同产业的供应链生产组织形式具有较大差别，产业和企业的发展环境处于日新月异的变化之中，供应链金融服务商应该全面掌握业务开展产业的整体情况、发展前景，深入了解产业链中上中下游企业的特征和需求，提供专业化产品和服务设计。例如，针对大部分南康家具企业因信用数据缺失、融资受限而不得不接受下游的货款账期、扩张发展难等问题，供应链金融服务商可探索基于区块链技术的应收账款融资模式；可以尝试通过下游采购公司释放信用，运用区块链技术，将具体的应付账款拆借成反向保理票据；票据还可以多级拆分，让工厂再次拆分流转给下级备料或木材供应商，就可以让信用在产业链内流转起来，打通广大中小微企业融资障碍。

2.要增强供应链金融的数字化能力

供应链金融支持南康家具产业在数字化运用方面的转型升级进行了许多尝试，特别是交通银行赣州分行与汇明集团的合作实现了汇明集团ERP系统与中征应收账款融资服务平台的在线接入，运用数字化手段，高效拓宽融资及支付渠道，提高资金使用效率，高效缓解供应链相关企业资金压力。但是南康家具产业供应链金融服务大多以自发性“小循环”为主和对数字化运用不足的现状亟待破解。下一步，要通过数字化的升级，建设专门的、统一的数字化服务平台，形成覆盖全产业链的供应链金融生态“大循环”。随着供应链金融的深入发展，数字化、智能化趋势愈发明显，供应链风险防控体系建设、供应链业务管理效率提升、产品创新等领域对金融科技的依赖与日俱增。

数字化能力决定供应链金融运行效率，要准确、全面评估供应链内企业的信用，促进供应链闭环中的风险最小化，离不开供应链金融数字化平台和金融科技提供商的数字赋能，并且供应链金融数字化平台和金融科技提供商可以为企业获得金融资源，稳定、优化供应链提供长效支持。南康家具产业智联网“一网五中心”利用5G、人工智能、区块链等前沿的数字化技术，通过对家具全产业链和全生产流程的感知、计量和监控，促进产业链全面协同、共享生产、降低成本，建立起家具生产全生命周期的区块链网络，可以为生产企业提供可追溯的数字化信用凭证，对提升南康家具产业核心竞争力，支持供应链金融服务开展具有很好的实践意义，供应链金融服务商可以尝试与家具产业智联网平台深入对接、共享数据，共建以信用为纽带的全产业链金融生态。同时，充分利用5G、大数据和区块链技术实时监控交易活动，实现线上线下的协同发展，与产业应用场景高度适配，创新设计符合家具产业链参与主体交易特征的金融产品，并完善风险监测、控制手段，从而加大对家具产业链企业的应收账款融资、预付款融资、存货融资等信用、保证类贷款的支持力度。

3.要促进供应链金融多元化发展

可以看到，目前供应链金融支持南康家具产业发展的尝试较多，服务模式有应收账款融资、信用证业务、国内卖方保理融资和供应链信贷产品等不同品种。但是，这些产品会存在重融资轻服务的情况，现阶段围绕家具产业乃至整个传统产业的供应链金融服务大多停留在资金融通的层面，未将供应链金融的效能最大化发挥，离不开参与主体和服务内容的多元化水平的提升。

可以围绕南康国际木材集散中心内配套建设的木材锯解中心、加工中心、拼板中心，开展融资租赁业务；针对家具电商模式引入供应链金融服务理念，为线上成交的订单提供资金融通服务；探索银行金融机构与物流公司的合作形式，对仓储型物流公司根据其仓储协议情况，给予应收账款融资等服务。除此之外，还可以运用供应链金融规范提升供应链核心企业的先进管理水平，优化财务资源在供应链中的配置；还可以通过发挥供应链金融的激励效能，增强供应链内企业的亲密度，促进产业供应链高质量发展。

（二）产业供应链金融支持南康家具产业转型升级的政策建议

1.促进家具全产业链企业规范经营管理

要提升供应链金融支持南康家具产业转型升级的效能，必然要正视中小微企业为南康家具产业主体的现实，切实解决好中小微家具企业的规范管理问题：

①加强企业经营管理。引进职业经理人，建立健全企业职工董事、监事制度，完善企业的管理制度等，促进管理人员提升管理能力和经营素质，充分调动和发挥普通员工的积极性和创造性，增强中小微企业内部的运行运作效率，提高企业资金使用效率，促使企业科学化经营。

②规范企业内部的财务制度。严格依照国家会计准则要求，建立专业的财务人员队伍，着力完善企业的会计制度，建立规范的企业会计账簿，提高财务报表的完整性、真实性和透明度。

③不断提高企业内部资金积累。要厘清企业产权，强化内部资金积累和管理，建立健全企业的预算、决算制度，在盈利性和流动性上保持统筹兼顾，在

确保持有充足资金维持企业经营需要的同时，预留企业扩大生产需要的固定资产投资。

2.促进供应链金融服务商丰富产品类型

一方面要激励银行等金融机构。政府出台专门的政策，鼓励金融机构深入了解南康家具产业发展状况、产业特点和未来规划，建立与南康家具产业相适应的供应链金融产品和风险控制、绩效评价等组成的制度支撑体系，联合打造符合家具产业供应链融资特征的信息化平台。对银行业金融机构专门设立家具产业供应链金融的给予一定奖励补贴。鼓励商业保理、融资租赁等企业或机构在家具产业积极发挥各自不同的作用，创新性地提供各类家具产业供应链金融产品。在解决家具企业融资难的同时，为家具淡旺季逆周期调节、订单化错峰运输调配等发挥积极作用。

另一方面要引导供应链金融配套服务机构。鼓励域内参与支持家具产业发展的物流企业、供应链金融平台、供应链金融科技企业等供应链金融的配套服务机构，发挥各自特长运用5G、区块链、人工智能、大数据等技术，提升产品研发、供应链管理、供应链金融服务的能力，探索对具备一定业务规模和客户流量，对税收贡献和产业联动起到积极作用的配套服务机构，予以相应的扶持政策支持。

3.促进核心企业引领全产业链融合信用

一是要发挥核心企业的信用中枢作用。围绕汇明木业、大自然家居、居然之家、红星美凯龙等龙头企业，探索规划供应链金融支持家具产业发展的示范区，鼓励供应链金融平台企业和相关配套服务机构在示范区集聚。支持金融机构依托汇明木业、大自然家居、居然之家、红星美凯龙等供应链核心企业的信用内核，通过信息沟通、款项确认、存货变现等不同方式，提供有针对性的家具产业供应链金融产品和综合金融服务。

二是构建家具产业供应链金融信用信息平台。充分运用现代信息和数字技术，健全家具产业核心企业的商业信用体系，将企业从注册登记、生产经营、用能用工，到税费缴纳、节能增效、生态环境保护等全生产周期的信息资源进行整合，加快链接家具产业供应链金融各类参与主体，依托核心企业优质信用，建立家具中小微企业信用“黑、白名单”制度，促进形成高质量的中小微家具企业信用信息资源，促进家具产业企业信用融合。

第二节 嘉欣丝绸集团特色产业供应链金融模式创新

将地区特色产业置于产业链的整体视角，我们可以发现在激烈的市场竞争中，一个产业链与其他产业链的竞争，已经替代了过去单一企业之间相互竞争的传统局面。因为同是一条产业链上的利益共同体，上游企业与下游企业的生产经营是相互影响的。一旦某一环节的企业的存货周转速度下降，或者财务状况恶化，都会对整个产业链造成严重的不良后果。因此，对产业链提供有针对性的“供应链金融”服务，可以最大限度地以产业整体的融资需求为切入点，理顺产业链上各个环节的资金关系，使信息流动变得畅通，促进配套物流的完善，最终使整体产业链的经济效益和市场竞争力都会相应得到提升。

本章主要以浙江省嘉兴市的地区特色产业——茧丝绸产业，及产业链上的中心企业浙江嘉欣丝绸股份有限公司（以下简称“嘉欣丝绸”）为例，通过论述工商银行嘉兴分行为本案例对象提供“工银聚易透”供应链金融服务的创新实践，并分析由此产生的创新效益，来体现三个方面的研究意义，可以使供应链金融的服务效果得以清晰展现，从而让供应链金融的创新效应得到彰显，也为其他有类似资金融通困难的茧丝绸产业中的相关企业提供借鉴意义与思路启发。

一、嘉欣丝绸集团发展产业供应链金融情况介绍

（一）嘉欣丝绸及其所处产业链运营状况分析

嘉欣丝绸是浙江省嘉兴市的地区特色产业——茧丝绸产业中的龙头企业。嘉欣丝绸位于中国古代的“丝绸之府”，当代“中国绸都”浙江省嘉兴市，主营高档丝、绸、服装等产品制造。产业链主要包括收烘蚕茧、制丝、织造、印染、针织；服装的生产、设计、销售。嘉欣丝绸是中国最大的丝绸产品生产销售企业之一。公司投资的工业园占地30万平方米，同时也是国家级工业旅游示范点和3A级旅游景点。

嘉欣丝绸作为一家已经在深圳交易所上市的地区特色产业中的龙头企业，其组织机构完整清晰、科学合理。与本案例分析的融资功能相关的职能部门主要有公司的股东大会、董事会秘书下的证券事务部、董事会直接领导的审计委员会以及总经理直接领导的审计部、财务部、贸易管理部和投资管理部等。这样的组织架构在一定程度上可以发挥垂直领导和层级互补的综合优势，从而实现集团财务融资决策更加稳健高效。

从嘉欣丝绸所处的茧丝绸产业链来看，浙江省嘉兴市是闻名全国、享誉世界的桑蚕重点产区。长期以来，茧丝绸产业作为地区的特色产业，其重要性不仅表现为推动了嘉兴地区特色经济的有效发展，也为该地区提供了大量就业机会，更通过发展中高端丝绸产品的出口业务贯彻了“走出去”战略。目前从整个茧丝绸的产业链来看，嘉兴市的茧丝绸产业无论在原料质量、操作技术还是产出效益等方面都具有其他产业不可替代的优势。目前，该产业链已经拥有多年的丝绸产业生产经营管理经验，配备完整的产业布局。

总体来看，嘉兴地区的茧丝绸产业具有以下几个方面的发展优势。

1.具备全方位和多角度的产业链

嘉兴市在浙江省乃至全国来说，都是富有影响力的茧丝绸产业聚集区，具

体生产形式包括从桑树种植到育蚕收茧，从抽茧缫丝到设计剪裁，从国内销售到出口贸易，可谓一条龙产业链。目前嘉兴市拥有多家缫丝厂，年度生产能力超过15万吨。悠久的茧丝绸生产历史，也铸造了多个著名丝绸品牌。

桑蚕养殖业位于产业链的上游地带，呈现劳动密集型、气候敏感性的特点。“春蚕到死丝方尽”的描述形容的正是桑蚕养殖的季节性特点，以桑蚕作为主要生产原料的茧丝绸产业一般需要较长的生产周期。浙江地区的茧丝绸产业由于具备全方位和多角度的产业链，保证了丝绸产品较高的产业附加值。

2.产业基础坚实牢固，技术创新与时俱进

嘉兴市向来重视优势产业基础，致力于建设标准高、效益好、质量优的桑园园区。同时，产业园注重生产技术的与时俱进，为实现桑蚕规模化经营奠定了十分良好的技术基础。

目前各类桑树新品种繁育基地正在蓬勃发展，在桑蚕育种方面加快了丝质优、抗性强的中丝量产品的引进优育和储藏推广工作，全面推行秋种春养，并进一步加强对天然蚕茧、粗纤维蚕茧、雄蚕等新型品种的研究和试养。而诸如大棚养蚕、免耕优育等高精尖现代化养蚕技术的运用，进一步降低了桑蚕养殖成本，提高了制造效率，从而有效提高了产品质量和经营效益。

3.配备专业指导人员，争创行业领导品牌

蚕桑养殖历来是嘉兴市的地区主导产业，因此各地十分重视蚕桑技术推广队伍的大力建设。目前嘉兴辖区主要蚕桑养殖示范村均已配备专业技术辅导员，向农民提供专业技术指导，形成了较完整的市县镇三级蚕桑养殖传播网络，从而为嘉兴茧丝绸产业的稳定发展提供坚实保障。

嘉兴地区的茧丝绸产业重点推进优质原料茧基地建设工作，逐步实现由数量增长向效益提升的转变。此外，茧丝绸行业协会在严格管理蚕种质量、把控丝绸品质的同时，也大力开展行业名牌的争创工作。一些蚕种品牌已经多次获得国内外农博会优质农产品金奖和各级省市的名牌产品称号。综上所述，嘉兴的茧丝绸产业在不断适应市场需求的同时也在日益提升自身的竞争力和影响力。

（二）嘉欣丝绸发展供应链金融的基础模式

嘉欣丝绸在结合自身的经营状况和整个产业链的发展态势下，提出了发展“供应链金融”的两种具体路径：一是自发主导型的发展模式。嘉欣丝绸在2015年7月23日发布公告称拟发行不超过5720万股的非公开募资方案，预计募集资金将达6.6亿元人民币，其中5.6亿元融资将主要用于升级公司控股的电商茧丝绸交易平台与蚕丝绸行业门户网站——金蚕网，计划对整个产业链开展以茧丝绸制成品保兑仓融资业务为代表的供应链金融服务。二是依靠商业银行等第三方金融机构来提供富有针对性和可操作性，同时具备良好创新效应的供应链金融服务。

由于第一种自发主导型模式，需要嘉欣丝绸基于金蚕网的茧丝绸行业供应链金融自主建设项目，该项目自从2015年7月发布方案公告以来尚未向社会公布进一步的情况，因此本案例分析的主要是工商银行嘉兴分行为嘉欣丝绸提供的供应链金融具体设计方案。

针对嘉欣丝绸所处的地区特色产业——茧丝绸产业的产业性质和运作特点，工商银行嘉兴分行可供嘉欣丝绸选择的供应链金融基础模式主要有存货类融资模式、预付款类融资模式和应收账款融资模式等。

1.存货类融资模式

在茧丝绸产业这个生产步骤较多、生产工艺复杂、生产过程连续的产业链中，从上游企业的输出产品蚕茧，到中心企业的输出产品丝绸半成品，再到下游企业的输出产品丝质服装，每一个输出环节都有可能产生不同程度的存货积压。工商银行嘉兴分行正以产业链中积压的存货为切入点，促成产业链上不同环节的企业达成合作，为授信额度不足的某一环节的企业提供融资服务。

工商银行嘉兴分行可以确定产业链中的上游企业A或者下游企业C为借款

人。经得嘉欣丝绸同意后，工商银行嘉兴分行可以要求参与各方提供基于借款人名下存货的担保协议，为借款人安排一定额度内的授信。同时向借款人提供的资金将占用中心企业嘉欣丝绸集团的授信额度。上游企业的稳定货源或下游企业畅通的分销渠道，都是中心企业开展正常经营的重要前提保证。因此，嘉欣丝绸集团乐于通过占用自身授信额度的方式帮助产业链上的兄弟企业获得信贷资金，这也是出于对自身利益的考虑。

存货类融资模式的关键是工商银行嘉兴分行必须与嘉欣丝绸集团签订存货回购协议或者其他形式的担保，一旦借款人A或C出现违约情况，将由嘉欣丝绸集团通过履行存货回购协议等途径对银行进行偿付，从而保证工商银行嘉兴分行的授信资金安全。

一般来说，存货类融资模式的实际担保人是地区特色产业中具备较强实力的中心企业。中心企业基于存货回购协议等形式的信用担保，可以有效缓解产业链中规模较小的上下游企业授信额度不足的问题，从而克服产业链中某一环节的融资困难，促进产业链的正常运营。

2.预付款类融资模式

预付款类融资通常也称作保兑仓模式。在本案例中，处于产业链下端的服装精加工企业C向嘉欣丝绸集团采购丝绸半成品的过程中，若企业C经营不善，则无法如约在较短时限内向嘉欣丝绸完成预付款支付。这样下游企业C就无法获得服装精加工所需要的半成品原料。丝绸产品由于具备特殊的物理属性和化学性质，如果不能被及时投入下一环节进行加工处理，其价值将会大打折扣，最终将损害产业链相关主体的整体利益。为了加快整个产业链的资金配置效率，工商银行嘉兴分行针对预付款这种在下游企业C的生产周期中占据较大比例的资金项目，提出了富有针对性的解决对策。嘉欣丝绸集团与下游企业C约定在第三方物流机构的监督下，将嘉欣丝绸集团生产的丝绸半成品原料作为质押品移入工商银行嘉兴分行指定的仓库。当下游企业C缴付一定比例保证金后，工行会开立以企业C为出票人、以嘉欣丝绸集团为收款人的银行承兑汇票，并对企业C出具仓单。企业C凭借仓单向第三方物流机构要求发送对应的丝绸半成品原料。若企业C不能在规定期限内进行付单取货，嘉欣丝绸集团必须按照协议回购这些质押物，从而保证工行授信资金的安全。

通过预付款类融资模式这种供应链金融服务，下游企业C可在短时间内获得生产加工所需要的半成品和原材料，提升茧丝绸产业链向终端市场产品输出的能力。同时高效的供应链金融服务不会破坏丝绸制品的加工时效性，保证其价值可以得到最大限度的发挥。对中心企业嘉欣丝绸集团来说，更可以有效减少自身产出的丝绸产品存货在不必要环节被占用的机会成本，加快资金的回笼速度，从而促进整体产业链的健康发展。

3.应收账款融资模式

应收账款融资模式在本案例中主要涉及的对象是上游企业A和中心企业嘉欣丝绸集团。企业A与嘉欣丝绸进行贸易资金往来的过程中会产生应收账款。工商银行嘉兴分行可以将嘉欣丝绸向企业A出具的应收账款凭证作为质押标的物，提供企业A不超过应收账款账龄的短期贸易融资。

在应收账款融资模式的开展过程中主要有两个还款来源保证工商银行嘉兴分行的授信资金安全：在企业稳健运营的情况下，上游企业A的经营收入是工商银行嘉兴分行的首要还款来源；嘉欣丝绸集团欠付上游企业A的应收账款是次要还款来源，一旦上游企业A资金周转不畅的情况持续发生，无力偿还债务，则作为中心企业的嘉欣丝绸就必须承担相应的还款责任。

嘉欣丝绸所提供的应收账款这一反担保，在很大程度上限制了上游企业A发生的违约风险给工商银行嘉兴分行带来的损失。工商银行嘉兴分行在应收账款融资供应链金融模式的贷前尽职调查报告阶段，不能仅仅着眼于上游企业A的履约能力上，同时也应该注重考察嘉欣丝绸集团的资信状况和还款能力。

存货类融资模式、预付款类融资模式和应收账款融资模式是国内商业银行向客户提供供应链金融服务过程中的三种基础模式。在实际进行供应链金融方案的设计过程中往往需要将这三种模式相互融合，这样才能对产业链上的主要企业都产生良好的效果。

（三）工商银行嘉兴分行对嘉欣丝绸发展供应链金融的创新设计

工商银行嘉兴分行与嘉欣丝绸集团已经在供应链金融领域开展了一定的合作，一方面解决了产业链中不同环节的业务需求，另一方面也为不断总结出标准化的供应链金融服务模版，并且在以往供应链金融的基础模式上，发挥行业数据平台的信息优势，同时通过工行自身技术手段的提升，不断加强供应链金融的业务创新。

自2013年初，由于国际国内不确定因素叠加，茧丝绸行业逐渐进入了行业发展的新常态，突出表现为行业的外贸出口遭遇了空前的下行压力。具体表现在本案例的嘉欣丝绸集团的下游企业，同时也是集团旗下的子品牌——浙江嘉欣金三塔丝绸服饰有限公司（以下简称“金三塔”）上。面对终端市场的滞销带来的收入降低，以及向上游企业的支付压力，金三塔一度出现空前的资金链压力。

作为该产业中具有重要影响力的企业，嘉欣丝绸集团面临着下游企业出现资金困难进而影响整体产业链的有序经营和市场输出的问题。因此，其对供应链金融服务的业务需求主要表现为通过帮助下游企业走出当前困境，从而巩固自身在产业链的核心地位。同时也希望下游企业资金链恢复常态后可以继续稳定地向自己采购相关产品，从而保证自身的利益不受整体行业下行带来的过大冲击。工商银行嘉兴分行根据嘉欣丝绸与金三塔的具体业务需求，并结合金蚕网的行业数据平台优势，自2013年底向其提供供应链金融创新产品——工银聚易付，具体开展步骤如下。

1.确定授信额度

工商银行嘉兴分行根据金蚕网的历史交易数据、实时行情价格及订单记录，通过工银聚易付云数据中心的分析，确定给予金三塔的具体授信额度，该额度同时也将占用嘉欣丝绸在工商银行嘉兴分行的贷款账户额度，即嘉欣丝绸为金三塔提供了担保。

在本案例中，工商银行嘉兴分行给金三塔的具体授信品种为工银聚易付电子银行承兑汇票。使用电子银行承兑汇票，正是本供应链金融创新的一个亮点。工商银行作为2009年第四季度首批开设电子银行汇票服务的商业银行之一，在电子银行汇票的操作系统研发、运营制度规范以及人员培训管理等方面，已经积累了丰富的实务经验，这也为工银聚易付的创新设计提供了坚实的技术保障。

该授信的基础协议是嘉欣丝绸与金三塔签订的关于双方之间采购丝绸半成品原料的购买合同。这份购买合同也是本供应链金融创新设计的一个核心。因为该合同约定了具体的购买项目、数量和价格，以及交货的方式和时间，会对两家企业的存货和资金等项目产生重要影响。

2.电子审验单据

工银聚易付实现了产业链上的相关企业与工商银行的有效对接，通过工银聚易付的企业客户平台，可以实现下单、监控和支付的完全电子化。金三塔在工银聚易付电子平台上向工商银行嘉兴分行申请电子银行汇票后，电子平台中的ERP系统（enterprise resource planning，企业资源计划）会在短时间内自动生成采购单、发货单和产品清单等电子单据，经过电子审验和人工校对后，自动导出。嘉欣丝绸在与金三塔签订购买合同的过程中已针对订单的具体金额和数量做出约定，在将以上数据录入工银聚易付的服务系统后，会在电子审验的环节一并导出，方便相关工作的继续开展。

3.电子银行汇票实时承兑

工银聚易付供应链金融创新设计的最大特点就是利用电子化平台来提升服务效率。中心企业嘉欣丝绸在服务系统的电子平台上经过相关确认后，工商银行嘉兴分行开出的电子银行汇票将会进行实时承兑，即金三塔向工行申请的贷款实时进入了嘉欣丝绸集团在工行开立的电子企业存款账户。我们可以从办理方式、资信审查、背书转让以及信息复查等关键项目的对比中，发现电子银行汇票相比传统的银行承兑汇票可以在多个环节提升服务效率，节约办理时间。

4.金三塔赎单提货

在工商银行嘉兴分行通过电子银行汇票向嘉欣丝绸集团进行实时承兑的同时，金三塔便可在工银聚易付电子平台的保证金账户中进行缴款，进而在电子平台上发起赎单提货指令。工银聚易付系统收到指令后，将会在系统内自动审核提货的具体品种、具体数量和确切价值，然后通过工银聚易付平台向嘉欣丝绸发送电子通知书。嘉欣丝绸在确认通知书后，便可根据之前确定的协议内容，以及平台显示的金三塔已经缴付的保证金数额，按规定的比例向金三塔发货。

5.还款保障

工银聚易付在设计过程中主要设置了两个层面的还款保障。

第一层面的还款保障主要来自金三塔服装贸易公司在赎单提货这一环节向工商银行嘉兴分行所缴付的保证金。当每个还款付息日结束后，工银聚易付系统将会自动审核金三塔是否足额还款，否则将会在金三塔的保证金账户中进行扣款。当保证金账户余额不足时，金三塔还必须在规定时间内追加保证金至最低维持额度。

第二层面的还款保障是根据服务协议，工银聚易付服务系统将定期向金三塔推送本期的还款通知和上期的欠款情况。若金三塔未能按照约定期限偿还贷款和利息，工商银行嘉兴分行将按照一定阈值设定，提示嘉欣丝绸集团相关情况。在金三塔违约条件发生时，工商银行嘉兴分行可以要求嘉欣丝绸作为担保人代为偿付贷款，或冻结嘉欣丝绸的存货并将其进行拍卖变现，以保障工商银行嘉兴分行的授信安全。

（四）工商银行嘉兴分行提供供应链金融服务的潜在风险

工商银行嘉兴分行为嘉欣丝绸集团及其产业链提供的工银聚易付创新服务，本质上是在预付款类融资这种供应链金融模式的基础上，充分利用行业数据平台提供的信息，并结合工商银行的云计算技术和电子银行服务，进一步提升供应链金融的服务水平。但作为一项新兴的金融服务，工银聚易付在开展的过程中可能出现道德风险、市场风险和操作风险等潜在风险。

1.道德风险

道德风险是信用风险的一种具体表现形式。在本案例中由于涉及多个利益相关主体，较容易发生此类风险。由于在开展工银聚易付的过程中，嘉欣丝绸为下游企业金三塔提供了信用担保，并且这一信用担保占用嘉欣丝绸自身的信用额度。因此，嘉欣丝绸的资信状况一般是银行贷前调查的重点。

目前商业银行在供应链金融的贷前调查过程中一般着重调查担保主体的资信状况，较难全面掌握整体产业链的动态状况。因此，嘉欣丝绸可能会出于对产业链的整体利益的考虑，向工商银行嘉兴分行隐瞒下游企业金三塔出现的一些负面财务信息或者不良经营状况，以顺利获得工银聚易付的后续服务。由于信息的不对称性，工商银行嘉兴分行就会面临潜在的资金损失。

在本案例中道德风险的另一种形成方式是由虚假买卖合同所引起的。工银聚易付的授信基础是嘉欣丝绸集团与金三塔公司签订的关于双方之间采购丝绸半成品原料的真实购买合同。若嘉欣丝绸与金三塔通过伪造合同恶意骗取贷款，则工商银行嘉兴分行提供的资金就无法按照购买合同的约定使用，可能流向其他高风险的使用领域。这在很大程度上降低了工行收回贷款本息的可能性。

2.市场风险

市场风险在本案例中主要表现为丝绸半成品的价格风险。丝绸制品的价格由于受国际市场的需求波动影响较大，因此会在一定时期内呈现经常性的变化。工银聚易付供应链金融服务目前的实践过程中，在电子审验单据环节已经锁定了金三塔向嘉欣丝绸集团购买相关丝绸半成品的采购价格，工商银行嘉兴分行是以当时相关产品的市场价格来计算商品价值、确定授信额度的。如果金三塔未能履行合约，未能在规定时间内偿还工商银行嘉兴分行的贷款和利息，将会触发还款保障风险。

当丝绸制品的价格处在一个较长过程的下行周期中，一旦工商银行嘉兴分行需要通过将嘉欣丝绸的存货进行拍卖变现这一方式来收回资金的话，丝绸制品市场价值的严重缩水就会增加贷款资金回收的难度。

本案例中工商银行嘉兴分行面临的部分市场风险是由工银聚易付供应链金融服务的内在机制所决定的。该供应链金融服务的着眼点是金三塔向嘉欣丝绸采购半成品的垫付资金短缺的问题。工商银行嘉兴分行在确定授信额度时是以服务协议签署的时间节点对应的丝绸产品市场价格为计算基础的，其目的除了包括简化处理时间、加快服务效率，也包括将占据丝绸产品价格优势的这一有利位置提供给金三塔，以促进其资金状况的优化。因此，工商银行嘉兴分行在进行工银聚易付的创新实践中必须进一步加强研究，在提升服务水平与控制价格风险之间做到更好的权衡。

3.操作风险

由于在开展工银聚易付的创新实践中，需要工商银行电子银行系统的支持与配合，并充分运用大数据技术和云计算手段，对以金蚕网为代表的行业数据平台所提供的信息进行充分的挖掘和分析。因此与供应链金融的基础模式相比，工银聚易付会在操作风险方面表现得更为多样。操作风险作为一种内生性风险，在工银聚易付开展的五个主要步骤中会有不同的具体表现：在第一步确定授信额度环节和第二步电子审验单据环节，最关键的操作步骤是运用相关技术手段为待审核的资料的真实性进行验证，并与行业信息进行匹配后，将资料录入系统。工商银行嘉兴分行的后台操作人员除了需要掌握操作的规范流程，更需要对产业链的运营情况有一个全面的认识，否则可能会因为忽略地区特色产业的最新发展动态而判断失误。在第三步电子银行汇票实时承兑和第四步金三塔赎单提货这两个环节中，如果后台操作人员缺乏对工行电子银行汇票系统的熟练操作经验，也会给潜在的风险提供可乘之机。在第五步还款保障环节，工商银行嘉兴分行的相关信贷人员必须严密监控工银聚易透服务系统向金三塔推送的还款通知是否得到有效回复。若工商银行嘉兴分行后台工作人员由于操作疏漏，没有严格执行应急预案的相关措施，可能会令已暴露的风险因素进一步扩大，从而为工商银行嘉兴分行带来难以估计的损失。

二、产业供应链金融对地区特色产业的创新效应

以嘉欣丝绸为中心企业的茧丝绸产业，作为嘉兴市的地区特色产业，自2013年底，与工商银行嘉兴分行开展供应链金融合作以来，取得了一系列突出成绩，产生了良好的创新效应，开创了多方共赢的和谐局面。

（一）提高下游产业资金配置效率

嘉欣丝绸在国内茧丝绸行业整体进入新常态的背景下逆势上扬，以资金链为创新突破口，不仅有效地提升了产业链各个环节的资金配置效率，更通过供应链金融引领产业升级，提升产业的整体竞争活力。

金三塔在产业链中属于下游企业，面对终端市场的滞销以及向上游企业的支付压力，一度出现空前的资金链困难。工银聚易付给金三塔带来的最显著创新效益，就是可在电子审验单据环节，锁定其向嘉欣丝绸购买丝绸半成品的价格。尤其在茧丝绸行业，相关物流成本和人力成本正处在上升通道中，丝绸价格存在提升预期的背景下，金三塔可以通过供应链金融服务在原料采购环节进行良好的成本管理。

（二）嘉欣丝绸优化财务指标，巩固产业核心地位

本案例中作为地区特色产业的中心企业，嘉欣丝绸通过接受工银聚易付这一供应链金融服务，不仅承受住了行业进入新常态的下行压力，稳定了主要产品的销售业绩，也在用自身信用作为担保帮助下游企业的过程中，优化自身的主要财务指标。嘉欣丝绸巩固了自身在所处的产业链中核心地位的同时，也引领嘉兴地区的茧丝绸产业朝着更好的方向发展，提升了整体的市场竞争力。

在本案例的开展过程中，嘉欣丝绸集团作为嘉兴地区茧丝绸特色产业的龙头企业和产业链条上的中心企业，通过与工商银行嘉兴分行的合作，统筹考虑整个产业链，充分以打通上、下游企业之间的资金关系与物流往来为出发点，帮助金三塔等兄弟企业抓住资金薄弱环节的同时，也进一步地提升了自身对于产业链中资金流、信息流、物流和多种元素精准匹配的掌控能力，这种影响力也正是巩固嘉欣丝绸集团在地区特色产业中占据中心地位的一个重要基础。

从更深层的角度来讲，嘉欣丝绸作为地区特色产业的中心企业，有一定的做好产业领导者的责任。嘉欣丝绸需要主动认识当前茧丝绸行业“低速发展，稳定增长”的新常态，引领嘉兴地区乃至浙江地区茧丝绸产业的转型升级，从而稳定产业的增长水平，提升产业的增长质量，增强嘉兴地区茧丝绸产业在国内全行业乃至世界同行业内的竞争力。

（三）工商银行嘉兴分行总结供应链金融成功模式

工商银行嘉兴分行作为此次嘉欣丝绸集团供应链金融服务的主要提供方，在有效化解金三塔的财务困境和资金问题的同时，也加深了银企合作关系。通过工银聚易付这项金融服务，工商银行嘉兴分行在实务开展过程中针对地区特色产业链上不同环节企业的具体融资需求开展有针对性的金融服

务，同时进一步把握相关企业在关键环节的潜在风险，从而总结发展供应链金融的成功模式。

1.明确供应链金融创新方向

线下供应链金融一般指存货类、预付款类和应收账款类这三种供应链金融的基础模式。而线上供应链金融主要是顺应当前“互联网＋”的趋势，在供应链金融基础模式上充分利用金融机构的大数据分析技术和云计算手段，并以金融机构的电子化平台为主要服务载体的新形式。当前线上供应链金融的市场占有率不如传统模式的供应链金融服务，但是线上供应链金融依靠其信息匹配更加精准、服务水平更加高效、需求对接更加个性、技术手段更加便捷的特点，有着非常广阔的发展空间。

同时自开展供应链金融服务以来，工商银行嘉兴分行以嘉兴地区特色产业上的多家大型企业为中心，进一步拓展产业链中上下游的中小规模企业数量。根据企业的不同规模和具体融资需求，工商银行嘉兴分行提供了差异化的供应链金融产品，取得了较好的发展效应。

工商银行嘉兴分行通过总结供应链金融的成功开展经验，进一步明确未来进行供应链金融服务升级的创新方向：计划在未来一段时间内主动运用互联网思维与手段，在工银聚易付的发展基础上向“大数据＋供应链金融”这一创新模式继续探索前进。通过为嘉兴地区以嘉欣丝绸集团为代表的特色产业中有强大市场号召力与品牌影响力的龙头企业开展更具个性化、差异化、针对化的电子供应链融资产品，可以改变以金融机构为核心的传统供应链金融发展思维，努力将金融机构可以提供的有关产品服务更好地嵌入地区产业的特色商业模式中，为该产业链提供一套个性化的综合金融解决方案。这也是响应中央经济工作会议中提出的“去杠杆、降成本、补短板”等具体要求，更好服务地区实体经济的切实行动。

2.挖掘优质客户，优化业务结构

通过为嘉欣丝绸集团及其所在的产业链提供供应链金融创新服务，工商银行收获了业务手续费和保证金存款等系列效益。在本案例中，工银聚易付的直接授信对象是金三塔这一产业链上规模较小的下游企业，这样可以挖掘以地区特色产业上的中小企业为代表的潜在客户，优化工商银行当前以大企业为主的客户结构。

到目前为止，工商银行嘉兴分行以地区特色产业上的多家大型企业为中心进行有效发散，进一步拓展进行协同服务的企业数量。通过向不同规模的企业提供差异化的供应链金融产品，产生了较好的发展效应。

此外，伴随利率市场化进程进一步深化，商业银行传统存贷业务的盈利空间将会逐渐收窄。发展以供应链金融为代表的创新业务，不仅可以优化工商银行的业务结构，更可以加强工商银行嘉兴分行与地区特色产业上有关企业的客户的紧密度。以提升供应链金融服务的客户满意度为契机，可进一步加强工商银行的中间业务、国际业务和结算业务等其他金融产品服务向有关企业的交互营销，提高该部分企业对银行的利润贡献。

三、地区特色产业发展供应链金融创新的方向

本节以嘉欣丝绸集团及其所在的茧丝绸产业为例，在界定地区特色产业并阐述供应链金融现有主要理论的基础上，重点分析在这个地区特色产业中开展工银聚易付这一供应链金融创新服务的主要流程。通过前文的论证，可知开展供应链金融服务可以为地区特色产业带来一系列创新效应。

通过对供应链金融服务的思考，不难发现这样一种发展趋势：传统供应链金融本身作为一种新兴的金融业务模式，正在紧密结合其服务对象——产业链及其中企业的具体业务需求，并依靠大数据分析技术和互联网金融技术等与时俱进的方式，向着“以解决产业链内部资金融通问题为主，以提供行业综合信息、发现商业机会、开展合作业务为辅”的方向，进行着多元化、融合化、一体化的创新发展。

以工银聚易付为代表的面向地区特色产业的供应链金融服务，正是一项朝着这种发展趋势迈进的创新实践。当然，作为一项新兴业务，在发展过程中也存在着诸如风险把控、信息处理和产业匹配等方面的问题值得我们继续思索。在此以以下三个角度，简要谈一下地区特色产业发展供应链金融创新的展望方向。

（一）多层次管控供应链金融风险

在供应链金融的开展过程中，存在着不同层面的风险。前文介绍了嘉欣丝绸在开展工银聚易付创新设计的过程中会存在的道德风险、市场风险和操作风险等潜在风险。以商业银行为代表的金融机构在为地区特色产业提供供应链金融服务的过程中，如果不能有效评估各类风险，并及时采取果断的处理措施，就会产生难以估计的损失。因此，金融机构在进行基于地区特色的供应链金融服务的具体实践过程中，应进行融资前、融资中和融资后的多层次风险管控，从而保证授信资金的安全。

1.融资前全面评估整体产业链

首先在融资前这个阶段，金融机构应该客观评估该行业的宏观运行状况，评判该产业链整体的营运能力。不能仅仅盯住单一企业的资信状况和财务能力，而应该将产业链上节点企业的风险评估工作进行交叉串联。在评价一个产业的各项指标中，也要考虑到国内外的宏观经济走势和相关政策，因为这些因素也会对产业链上的企业产生十分重要的影响。比如，茧丝绸产业在2014年就受到国内经济转型和结构调整的影响，经受了巨大的下行压力，这将对该行业各个产业链中的每个企业都产生重大的不利影响，进而容易使通过供应链金融融资的企业产生潜在的信用风险。

因此在融资前的调查评估阶段，金融机构应针对该行业的发展特征建立有针对性的评价指标，并进行审慎的调查研究。尤其要做好产业链上中心企业的资信状况真实性管理工作。通过严谨评估行业不确定因素可能带来的不利后果，做好相应的风险预警方案。在融资前这个阶段，必须依靠金融机构出色的风险识别能力与先进的风险防范意识，设立好风险控制的第一道防线。

2.融资中强化风险预防控制

在融资进行过程中，金融机构应该加强风险量化预防控制管理。对于地区特色产业来说，依靠地区独有特色是产业持续向好发展的一个重要基础，但是也会面临宏观行业环境变化所带来的影响。因此在首笔授信资金成功发放后，金融机构必须对产业链主要企业的主要风险进行持续监督，动态调整相应的风险量化指标，从而审慎评估后续放款进程。

这个阶段的风险管控，主要需要关注的是市场风险。丝绸产品的价格容易受到国际市场需求波动而产生变化，会给银行带来潜在的价格风险。因此，以商业银行为代表的金融机构在开展供应链金融服务的过程中，应该进一步完善应对价格风险的预防控制机制，严密监控具有担保性质的标的产品的市场价格走向，并针对不同的风险尺度采取相应措施。

由于目前工商银行还未形成专门针对供应链金融服务的定制化风险预警机制，因此在近一阶段的实务开展以及未来的研究设计过程中，可以参考工商银行现行的商品融资风险预警尺度，设立多级风险警戒标准和对应处置措施，进而强化对具有担保性质的标的产品的价格把控。

例如在本案例中，可以通过在工银聚易付系统平台中嵌入工商银行现有的商品融资风险预警机制，结合金蚕网提供的最新行业市场数据，帮助工商银行嘉兴分行有效掌控嘉欣丝绸集团库存丝绸产品的实时价格。一旦系统显示相关标的产品的市场价格与基准价格相比的缩水程度达到一定标准，可参照工商银行商品融资风险预警尺度中设定的两级警戒尺度，启动风险应急机制：触发一级警戒尺度时，工商银行嘉兴分行可以要求下游企业金三塔执行类似期货市场中的盯市制度——在每次赎单提货环节进行保证金缴付时，针对标的产品价格缩水程度，按照一定比例向工商银行嘉兴分行额外缴纳风险补偿金，从而弥补价格风险给工商银行嘉兴分行带来的潜在损失；触发二级警戒尺度时，工商银行嘉兴分行应该立即冻结嘉欣丝绸价值缩水的标的产品，并视具体情况进行变现，以保障工商银行嘉兴分行的授信安全。

同时，在融资进行过程中也应该注意防范操作风险的发生。比如在工商银行嘉兴分行为茧丝绸产业中的相关企业提供预付款融资这一供应链金融上的基础服务时，如果选择预付款类模式就会牵扯到第三方物流机构和仓储机构。因此，这个环节的操作过程也需要纳入风险管控的范畴。同时，要加强银行内部和相关第三方机构员工的合规意识，开展合规操作培训，确保质押物品在特定时间阶段的价值不会因为银行后台操作人员的操作失误而产生偏差。从而确保金融机构、第三方物流机构和供应链金融服务对象的利益都能得到有效保障。

3.融资后动态跟踪管理

最后在融资结束后的这个阶段，金融机构必须做好对供应链金融涉及的相关企业授信风险的全面跟踪管理。具体来说，应该加强对突出风险点的跟踪管理，区别各种风险因素的不同生长节点，及时果断地采取相应的处置措施。由于产业链上各个企业的生产经营是环环相扣的，一旦某一环节出现比较严重的风险敞口，就应该引起产业链上所有企业和金融机构的高度重视。通过及时冻结问题企业的有关资产可以铸造风险防火墙，隔离风险的扩散传导。同时应该采取高效的措施化解风险，从而使产业链正常的资金周转与信息流动受影响的程度降到最小范围内，保证相关企业仍能正常开展生产经营。

金融机构可以通过进一步规范供应链金融贷后检查报告的检查项目和执行标准，提升融资后的风险动态跟踪管理工作。以下的几类主要检查项目，不仅是贷后检查报告的必备项目，也是动态跟踪管理过程中的重点：

①供应链金融服务相关主体的最新财务动态，包括授信对象和担保对象的最新财务报表、审计报告和财务异动情况说明等。②供应链金融服务开展过程中的重要单据，包括授信评级报告、授信审批文件、抵质押物品产权证明、贷款催收通知和还款记录情况等。③供应链金融利益相关主体的行为监

控，包括核实基础贷款合同中罗列的主要项目进程是否如期开展，利益相关主体之间的现金流动情况有无异动，以及产业运行的宏观发展趋势是否发生巨大改变。

供应链融资作为新兴的金融服务，在发展过程中难免会遇到层出不穷的问题与困难。对此，相关金融监督机构和法律职能部门应认真总结供应链金融在实践开展过程中出现的风险因素，加快制定配套的法律法规，同时加强政策引导，从而为多层次管控供应链金融风险建立良好的机制保障。

（二）加强地区特色产业信息流平台建设

在开展供应链金融服务的过程中，“多流合一”中的“信息流”拥有着举足轻重的地位，因为它是促进资金流、商流和物流合理有序流动的重要支撑力量。进一步强化供应链金融中的信息流控制，就是要对贯穿于产业链运作全过程中的各种流动信息进行有效获取、全面分析，并在此基础上做出决策。保证关键信息可以在各节点企业之间实现无缝衔接，最终实现价值增长。

在以嘉欣丝绸为中心企业的茧丝绸地区特色产业进行生产经营的过程中，除了有上、中、下游各个环节上的不同规模的企业的参与，还要求商业银行、政策性银行、海关等金融机构和政府职能部门参与协调。因此，加强地区特色产业中行业信息流平台的建设，不仅有利于产业链上的企业进行正确决策，从而提升经营效益、强化核心竞争力，更可以避免产业链中由于信息不对称所产生的一系列负面问题，降低不必要的人力、财力和物力等资源消耗，减少重复建设或者无效运作带来的浪费。信息的畅通，带来的是产业链上各个环节透明度的提升。目前，嘉欣丝绸正在朝着正确的方向而努力。嘉欣丝绸集团控股的金蚕网，是中国茧丝绸行业的交易、价格、信息和物流中心，而基于这个平台所形成的嘉兴指数已成为国际茧丝价格的风向标。

嘉欣丝绸集团致力于将金蚕网打造成一个集现代物流信息管理系统、供应链融资业务平台、茧丝绸电子商务平台为一体的茧丝绸产业供应链综合信息平台。

嘉欣丝绸计划通过利用“互联网＋”的思维与技术手段，通过集成信息流来减少协调过程中的不确定性，进一步加强金蚕网的系统建设和平台维护。同时，要在充分考虑茧丝绸产业的行业特征与企业交易习惯的基础上，灵活结合传统的供应链金融操作手段，具体在条链式与网状式这两种主流模式中进行选择，选取有针对性的信息流具体运作模型结构。

嘉欣丝绸集团希望金蚕网成为丝绸企业开展供应链金融活动的重要信息枢纽平台，并加强金蚕网对于产业链上各个环节相关企业的吸引力。以金蚕网为核心向外辐射的无限大型的信息流模式，可以从最大程度上协调茧丝绸产业的各种信息流，进而最大限度地缩短产品的研发时间、订单处理时间及物流环节的无效等待时间。

同时，升级金蚕网这一行业信息平台，也可以进一步串联采购订单、财务信息、物流输送这些多元信息流。经过行业信息平台的“互联网＋”大数据的先进技术手段对这些信息流进行分析归纳，并将其与工商银行等金融机构的信贷管理系统进行实时对接，从而有针对性地开展存货类融资、预付款融资和应收账款类融资等具体的供应链金融服务。

从产业的宏观高度来说，进一步升级金蚕网对于嘉欣丝绸集团的意义不仅仅体现为解决产业内部的融资问题，更有战略层面的远大目光。嘉欣丝绸集团以供应链金融为切入点，可以在茧丝绸产业进入行业新常态的背景下，发展电子商务、物流服务、海外贸易，这会有非常广阔的商机。这种商机所能延伸出来的“商流”，更能启迪嘉欣丝绸集团在业务发展过程中创新思维。嘉欣丝绸依托金蚕网，发展全新的金蚕网丝绸商城，通过引进茧丝绸行业的知名品牌，设立网上直营店及线下体验服务店等，使金蚕网成为海内外消费者购买丝绸产品的专业化电商平台，引领丝绸消费的升级。这样一来，嘉欣丝绸可进一步了解上游企业的原料供应水平和下游企业的采购偏好等宝贵的商业信息，从而为嘉欣丝绸增加新的盈利点，为加快转型升级创造有利条件。

（三）立足地区特色，引导产业升级

浙江省嘉兴市自古以来拥有丝绸之府的美誉，开展茧丝绸产业的生产也已经有几千年的历史。作为地区特色产业，嘉兴的茧丝绸产业不仅吸引了大量劳动力就业，也为地区经济的繁荣发展做出了突出贡献。虽然近年来受到一些国内政策和国际市场需求疲软的影响，茧丝绸产业在嘉兴国民生产中的比重有所下降，但是以嘉兴市为中坚力量的浙江茧丝绸产业仍然在贸易出口方面占据优势，其出口量仍牢牢占据全国第一的位置。因此，浙江省嘉兴市茧丝绸产业的地位不容置疑。

在工商银行嘉兴分行为嘉欣丝绸集团及其所在产业链提供工银聚易付供应链金融的服务过程中，工商银行嘉兴分行通过有针对性的金融服务，打通产业链上下环节的资金束缚，提高了产业链整体的资金配置效率。展望未来，茧丝绸产业仍存在着巨大的融资需求。相关报告显示，茧丝绸产业当前产业链较长，数量众多的中小企业存在着许多的融资困难。因此，未来在该产业继续发展供应链金融具有无限的可能性。以工商银行嘉兴分行为代表的金融机构在未来相关供应链金融服务的开展过程中，应该从更深次上来针对茧丝绸行业的客观发展规律进行差异化的产品设计。

立足产业的地区发展特色，因地制宜地开展供应链金融创新，可以引导资金按照行业发展规律和产业结构合理有序地流动，解决产业链上有融资困难的企业需求，加快过剩存货的周转效率，使供应链金融的融资方案能够达到预期的效果。此外，在解决燃眉之急的基础上，更要用战略的眼光与宽广的胸襟，以供应链金融这一资金流方面的创新实践作为改革的突破口，主动认识茧丝绸产业发展的新常态，抓住当前“一带一路”的历史机遇，以《中国制造2025浙江行动纲要》为指导，加快解决行业内部的深层次结构问题。不断完善产品创新机制与人才培养机制，利用充裕的资金流动来突破资源和环境制约对茧丝绸产业生产技术设备更新换代的限制。通过供应链金融为下游企业节约采购环节的财务费用，可以将所释放的垫付资金更多地用于产品销售渠道升级、丝绸制品研发中心等项目的建设上，从而引领茧丝绸产业转型升级。展望未来，加强供应链金融的创新研究，最重要的就是要做到“从产业链中来，到产业链中去”。以畅通资金链为手段，带动信息流和商流的充分传递，这样才能使产业链上的相关主体更好地把握产业整体的发展态势，认识到客观存在的突出矛盾，指明产业转型升级的正确方向。

第三节　“区块链＋供应链金融”经营模式分析：以XX股份为例

区块链技术在我国的推进和应用时间尚短，各行各业正处在边实践边摸索阶段，经验尚不足，应用模式也不成熟，而区块链技术在供应链金融上的应用可以有效解决多主体传递效率差等问题。本节通过对具体案例——XX股份“区块链＋供应链金融”经营模式的动因、实践情况、实践效果进行分析，总结其实践的成功经验，分析其存在的问题并提出对策建议，探索如何通过经营模式的改进优化，实现区块链与实体经济的深度融合，这对运用区块链助力我国传统产业转型升级有重要的实践意义。

一、XX股份情况介绍

（一）公司简介

XX股份于1997年6在上交所上市。随着公司战略及主营业务的转变，于2016年正式更名为XX供应链管理股份有限公司（以下简称“XX股份”）。经过多年的经营，在区域内形成了比较完整的大宗商品产业供应链条，为公司开展供应链管理业务和商业保理业务奠定了基础。近年来，公司立足于核心企业（区域特色产业）需求，积极践行国家“数字经济”发展战略，深耕区块链、物联网、人工智能等先进技术的研发应用，积极向供应链金融科技转型，不断优化业务流程和技术服务，开启了“区块链＋供应链金融”经营模式的探索之路，与IBM（International Business Machines Corporation，国际商业机器公司）合作研发了区块链平台，将传统供应链管理和保理业务线上化，是我国第一批区块链技术应用成功落地的上市公司。

在应用实践过程中，公司敏锐地识别到传统供应链经营模式中的痛点：企业用户越来越关注系统部署的独立性、数据隔离和安全性以及数据的所有权问题；金融机构用户关注数据和贸易背景的可追溯性，贸易、融资、资产证券化流程中的数据穿透式管理和信用的真实有效传递问题。对此，企业以区块链技术为基础推出了创新型特色产品，实现贸易、融资多链协同和跨链溯源，成为一家可以为企业和金融机构提供可追溯的供应链金融服务方案的企业。

目前，XX股份业务经营模式转型已基本实现，其涵盖了3个业务板块：供应链管理服务、以商业保理为主的供应链金融服务、供应链金融科技服务也即信息技术服务，正式步入了平台化经营的发展道路，且初期运行基本稳定。基于“区块链＋供应链金融”经营模式的思路和理念，XX股份形成了全面、系统、功能强大的创新产品体系，将金融科技与金融服务深度结合，将经营模式转型与产品创新、技术创新、服务创新有机结合，真正把区块链从概念变成了盈利点，形成了区别于同行业其他企业的特色业务与核心竞争力。

（二）经营模式发展状况

在XX股份特有的“区块链＋”经营模式下，公司一方面不断加强与金融机构的合作，已有包括中国农业发展银行、中国建设银行等在内的多家银行入驻；另一方面坚持做好贸易端数据服务推广工作，与多家核心企业签署合作协议，实现了企业、银行的多渠道合作。截至2020年3月，有包括国药控股云南有限公司在内的多余家医药企业在平台上注册成功，累计线上用户超过200户，覆盖范围涵盖了医药采购、大宗商品、物流、通信、地产、制造、航空等多个行业。同时，新增供应链金融ABS（asset backed securitization，资产证券化）融资模式，实现与国盛证券、长江证券等证券公司的合作，拓宽了公司自身的融资渠道。已经成功发行了“购房尾款保理应收账款资产支持专项计划”，总规模为12.5亿元的“银河金汇-滇中保理2号资产支持专项计划”“天风-滇中保理供应链金融第1期资产支持专项计划”及“天风-滇中保理供应链金融第2期资产支持专项计划”“天风-滇中保理供应链金融3—10期资产支持专项计划”也已获得了深圳证券交易所的无异议函。

XX股份以架构在可信数据池上的区块链平台为基础，完成了多家核心企业可信数据池的建设。2019年，可信数据池累计刻画可信交易量19.17万条，可信交易额232.91亿元，较2018年分别增长了158.40%和268.06%；2020年更是实现了爆发式增长，累计刻画可信交易量为62.22万，可信交易额高达922亿元，累计线上融资合同签订数量为600份，投放总金额为97亿元。

（三）“区块链＋供应链金融”经营模式转型动因

1.政策推动转型

近年来，国家将发展区块链政策提升到了国家战略的高度，“供应链金融”这一名词也多次出现在国家政策扶持条款中，这为中小微企业的发展提供了“助推器”。

2017年10月13日国务院办公厅印发的《关于积极推进供应链创新与应用的指导意见》，建议营造良好的供应链创新和应用的政策环境，开展供应链创新和应用试点示范，加强供应链信用和监管服务体系建设，推进供应链标准体系建设，加强培养多层次人才和加强供应链行业组织建设，提出将我国建设为全球供应链创新和应用的中心，培育100家全球供应链领先企业的发展目标，将我国供应链发展推向全新高度。

上述政策为供应链行业提供了政策指引，为供应链实施管理指明了方向，与公司向供应链金融科技转型的发展战略相匹配。为此，企业密切关注政策动态，要将区块链技术和“互联网+”在政策法律框架内优化整合和应用。运用信息技术相关政策，将供应链管理和商业保理业务实现线上化和标准化操作，进而实现公司供应链管理业务的多元化。同时，在法律、法规、政策、行业标准范畴内，创新公司业务，拓展发展空间，更好地为我国实体经济的发展做出贡献。

2.创新经营模式，提高竞争力

XX股份公司以供应链管理、供应链金融、供应链金融科技业务为基础，以自主技术创新为根本，以商业保理为补充，科学应用“区块链+”经营模式，将资金流、物流信息进行融合创新，大力发展供应链金融服务业务，形成了业务多元化、人才多样性、融合能力强的优势。秉持着“交叉贴补，合作共赢”的理念，加速产业链周转效率，提高物流、资金流的效率，实现供应链金融健康良性发展，从而达到为全产业链服务的目的。

在国内，该公司的商业保理业务实力较强，通过供应链管理业务有效整合了上游分散的供应商，降低了上下游的交易成本。该公司利用其产业链优势开展易货交易和交叉补贴，降低了客户成本，加快了行业的高效运转，提升了产业链的竞争力。该公司供应链业务和保理业务的协同发展为客户提供了更为便捷的跟单保理业务和票据流转业务，形成了互惠互利的经营模式，提升了公司的竞争力。

3.向供应链金融科技方向转型

中小微企业在供应链金融服务的末端，是国家实体经济发展的重要承载者。但其“融资难、融资贵”等难题一直没有得到有效解决。而且传统供应链金融模式与更迭较快的供应链金融技术及手段渐渐脱节，也倒逼着供应链金融企业转变观念、革新理念、创新技术。近年来，发展较快的区块链、人工智能、大数据等新技术崛起，为供应链金融的发展提供了重要保障。这些新技术在资源共享、风险防范、行业识别、智能合约释放人工操作等方面的应用，均为供应链金融的健康、快速发展提供了更加有利的条件，实现了供应链金融向高科技方向成功转型。

公司认真践行国务院《关于积极推进供应链创新与应用的指导意见》，以互联网＋、物联网技术、区块链技术的融合创新为基础，积极稳妥地向供应链科技转型。积极开展供应链创新与场景应用，提供让中小企业实现信用可视、融资便捷、成本低廉、效率提升的供应链金融服务平台。搭建以采购、销售等为主的实体场景，让银行为企业提供高效便捷的服务。运用供应链金融，为融资方和资金提供方真正架起一座科技平台。

（四）“区块链＋供应链”经营模式的创新产品体系

XX股份的“区块链＋供应链金融”经营模式利用区块链技术搭建了两大核心技术平台：以“可信数据池”产品为基础的应收应付融资平台“XX区块”、动产监管平台“可信仓库”，实现了技术和产品的创新，下面将对其创新产品及其功能进行介绍。

1.XX区块平台

XX区块是国内第一批在供应链管理和供应链金融服务场景落地的区块链技术应用平台，支持多种供应链贸易模式以及以可信数字资产为基础的金融服务。XX区块是将区块链作为底层技术，基于可信数据池产品建立的，使供应链上全部交易过程直接去中介化，从商业行为最基本的合约、订单、发货、收货、结算、融资、付款、还款等交易行为，直至将信用可视化、价值化，具备购销信息展示、货流实时监控、单据传递跟踪、结算快捷准确的特点，其产品体系除了基础产品可信数据池，还包括供应链融资平台以及供应链金融资产证券化平台。

（1）可信数据池

“可信数据池”是基于区块链技术构建的企业间数据共享、数据保护和数据管理系统，已被成熟地应用于企业的供应链业务。该系统实施一致的数据共享机制，突破了参与方之间的信息壁垒，有助于企业建立和管理可信、可控、可拓展的数据交换网络。作为公司的核心产品之一，可信数据池实时连接客户的贸易、生产、ERP、财务等内部系统，将获取的数据信息存储于区块中并将其批量写入企业权属下的“可信数据池”节点，数据源头的真实性得到保证。通过密钥管理建立数据授权访问机制，实现数据的溯源、加密、访问控制和数据增信。

在具体的业务模式实践中，可信数据池把核心企业提供的信用背书进行数字化并将其进行存储，供应链各环节中所需的数据信息都可以在得到授权的情况下从可信数据池中实时提取，数字化信用在供应链上逐级传导，实现供应链金融生态圈中的信用共享，保障了企业数据的所有权和安全性。总之，可信数据池中区块链技术的应用帮助企业解决了供应链场景中的贸易数据信任及金融风险问题。

可信数据池主要分为核心企业贸易链和金融机构融资链两大数据结构。其中，核心企业贸易链是以核心企业为中心组建的，参与主体有核心企业、中小企业和物流企业。通过接入各主体的数据信息管理系统，将物流企业的收货、发货、库存、配送等物流信息经物联网等技术同步上传至贸易链，将核心企业和中小企业的合同、票据、订单等真实贸易数据信息同步更新至贸易链。企业贸易数据直连可信数据池，作为贸易参与方的核心企业及其上下游中小企业在获得访问授权后，根据业务需要从可信数据池中提取贸易数据，动态构建业务群组和数据共享网络。

金融机构融资链是以金融机构为中心组建的，参与主体有核心企业、中小企业和金融机构。通过接入银行的资金账户、动态资产管理等系统，将银行提供的供应链融资服务信息、各企业在银行开设的资金账户信息，以及资产动态信息同步更新至金融机构融资链；交易所等非银行金融机构通过链接金融机构融资链，将其债权融资计划信息及相关的信息披露同步更新至金融机构融资链，最后将所有数据信息以区块的形式写入企业权属下的“可信数据池”，让数据增信可溯源。

（2）供应链融资平台

供应链融资平台是基于可信贸易数据的供应链融资信息中介平台，主要服务于平台保理业务。借助供应链贸易系统可视贸易信息，供应链金融各参与主体能够实现线上协同、供应链“四流”互相交叉验证核对、贸易环节可视化，信息透明且不可篡改，并帮助金融机构完成贷前预审与贷后流程管理，有效解决了资金闭环的问题，提高了融资效率。

供应商根据其与核心企业之间交易的应收账款和自身的融资需求在供应链融资平台上发布融资申请，有意向的金融机构回应需求，等核心企业对应付账款进行确权之后，银行等资金方为该供应商提供融资服务。该模式提高了金融机构低风险资金投放的效率，破解了融资企业资金周转的问题，降低了贷款成本，改善了供应链的运营环境。

供应链融资平台具有的功能：①企业与用户管理。平台注册准入，企业管理员可增减用户并设置用户权限。②贸易刻画。合同、发货单、结算单等贸易单据全流程刻画，清晰可查。③融资申请与资金管理。通过与银行账户系统连接，基于融资方在平台提交的融资申请进行一对一的资金划转和回收，全流程资金闭环管理。④资金账户服务。可实时查询平台账户余额与资金流转明细，支持在线回单打印等功能。⑤电子合同服务。平台通过架接CFCA（China Financial Certification Authority，中国金融认证中心）认证体系，解决在线合同电子签章的法律合规性问题。⑥报表服务。平台内嵌贸易、融资等相关报表，主界面动态显示当面融资合同数、融资金额、账户余额等。⑦通知服务。登录认证短信通知，动态掌握平台登录情况，订制其他通知服务。

（3）供应链金融资产证券化（ABS）平台

ABS资产支持专项计划发行过程中存在着环节多、流程复杂、底层资产透明度差等问题，而供应链ABS平台借助区块链难以篡改、数据可追溯的特点解决了这些问题。由动态资产管理、资产健康趋势分析组成的供应链ABS平台，实行全量资产核查、动态管理和循环购买，以构建ABS可信数据池。该平台从源头对入池资产进行穿透管理，对资产属性实时监控，底层资产的状态和属性都与XX区块中的数字债权凭证相对应，若监测到资产包在存续期内超出设定值，平台则立刻对该资产进行预警。平台刻画了从资产形成、审核、发行直至成熟的生命全周期，系统将发行期到存续期的所有操作数据记录上链并保留副本，实现链条上参与主体的在线协同，降低人工操作出错的可能性，为ABS资产专项计划的参与机构提供真实、可视、可溯源的资产数据，实现对底层资产的全生命周期的穿透式管理。

供应链ABS平台的功能：①资产全流程管理。涵盖资产形成、审核、发行、循环、成熟整个生命周期，并借助区块链技术确保数据的真实性和不可篡改。②资产质量监控与风险识别。对资产属性等开展实时监控与预警，精准把握资产的真实性与风险。③高效协作、透明监管。全链条在线协作提升效率，为资产证券化各参与者提供真实、可溯源的资产数据，为底层资产信息披露和透明监管提供有效支撑。

2.可信仓库平台介绍

仓储监控是动产融资的重要风控环节。XX股份利用区块链技术对仓库进行了智能化的升级改造，研发了一套仓库管理系统，将仓储的入库、出库、物流、货权等信息进行上链，记录整个过程中的所有权属性，提升数据的安全性和沟通效率，将交易行为按智能合约进行货权转移，从而实现仓库作业动态、实时、可视化监管。

首先，货主或金融机构能够在仓库平台上借助系统发起远程盘库，实时了解在库货物数量，系统接收指令后按库位自动盘点货物，提高参与主体管控在库货物的能力，降低业务参与方的金融风险；然后，货主和金融机构根据自身风控及管理需求设定进出库规则；最后，电子仓单和货物唯一绑定，拥有者既可以通过仓单追溯到底层实物，又能规避重复质押风险。总之，可信仓库有效解决了供应链公司、交易所、金融机构、仓管、物流公司在动产融资、动产监管中所面临的货物权属不清、重复质押、无力控货等问题。

可信仓库平台功能：①可视化。通过无线数字标签、激光雷达、视频分析等技术手段记录可监视资产的实时情况，实现库存状态透明、可视。②合规性。对库存商品和仓库作业的实时监管，其过程和结果的合规性皆可被检查。③可信化。仓单系统、智能仓库可视化管理系统等将形成闭环服务业务流程，将物联网技术提供的仓储数据写入可信数据池，不能篡改。

二、XX股份“区块链＋供应链”经营模式分析

（一）“区块链＋供应链金融”创新服务模式

XX股份的经营模式主要是为客户提供平台服务的模式，一是为企业提供“XX区块”平台，企业能够在“XX区块”上注册登录，借助平台的服务经验快速开展供应链金融业务；二是协助企业构建“N＋1＋N”供应链金融系统，根据企业的需要，为企业订制供应链金融系统，以满足企业自身供应链金融业务需求，同时协助企业上游供应商开展供应链金融业务，提高供应链整体效率；三是协助企业构建“N＋N＋N”供应链金融平台，服务于企业自身以及其供应链上下游企业。

依托于供应链金融科技所研发的“XX区块”平台和“可信仓库”，XX股份对其业务模式进行了创新改造。以其自身打造的可信数据池里存在的仓储物流、交易所等数据为基础，实行可信数据管理，然后通过其融资服务平台和资产证券化平台链接相关的企业和金融机构，为有融资需求的企业提供可溯源的供应链

应收账款融资服务、资产证券化服务、仓单融资服务、动态库存融资服务。

1.基于核心企业信用的应收账款融资模式

依托于XX区块平台的应收账款融资模式，首先在贸易可信数据池里将贸易数据上链，然后在融资平台上进行应收转让与保理融资。核心企业在平台上确权后响应融资企业的需求，向一级供应商开立应收账款凭证。核心企业的优质信用在区块链分布式账本技术的作用下，将应付账款电子凭证转化成可至多级供应商进行流转、拆分、融资的“数字化债权凭证”，多级供应商再持有此凭证向金融机构发起融资申请，实现了核心企业信用传递。在此模式中，核心企业作为最终付款人提供融资的还款来源，金融机构作为资金方负责对接相应风险偏好的客户。具体业务流程如下。

①签发数字债权凭证。核心企业和一级供应商签订供货合同，在XX区块平台上通过双方的私钥对应收账款凭证进行确权，并生成数字化的债权凭证，保证贸易背景的真实性。

②数字凭证融资。供应商可选择已入驻平台的各个资金方发起基于数字凭证的融资贴现，金融机构对数字凭证进行核验后通过XX区块平台发放融资款，完成核心企业的资金代付，满足供应商的融资需求。

③凭证拆分流转。各级供应商可根据需要将数字债权凭证拆分转让一部分给上游企业作为货款，上游企业也可以凭借该数据凭证向金融机构提出融资申请。由于核心企业是数字债权凭证的债权人，使得核心企业的优质信用可以传递到供应链的各级中小企业中，且在传递过程中信用不会衰减。

④到期还款。数字债权凭证到期还款日，核心企业作为凭证签发人应将相应资金按照事先记载的转让路径转移至持有数字凭证的供应商或金融机构，实现业务、资金的闭环。

2.基于多而分散的中小微ABS模式

ABS模式是通过易见区块平台提供再融资的模式。首先，通过企业的ERP系统或者基于物联网的电子过磅技术系统，可以将供应链的合同、发货、收货等整个交易过程的企业贸易信息同步于企业贸易可信数据池之中；其次将核心企业、供销商、银行等资金方的融资信息同步于金融机构融资可信数据池之中；最后将企业贸易可信数据池和金融机构融资可信数据池的数据上传至供应链ABS系统之中，中介机构、金融机构等在ABS系统中依据所上传的信息生成合格资产，借助承销方将合格资产承销给合格的投资者。

（1）资产形成

由客户提出申请、风控审核、与客户签署融资合同、保证金交款以及应收账款确认等环节组成的资产形成方式，通过流程节点和审核文件节点上链的方式，确保了资产形成环节的完成性和交易的真实性，建立资产创建的真实可信场景，后期可供再融资机构及相关审计方核验。

（2）资产包筛选

对于满足集中度、信审等方面要求的资产，将被打包到SPV（Special Purpose Vehicle，特殊目的公司）里。

同时，将筛选过程进行链上存证，增加筛选环节的透明可视性，打造成彼此几方都能认可查验的筛选流程。

（3）资产审计

资产打包环节需经过相关审计机构的严格审计，例如律师事务所需要对资产包情况出具法律方面的专业意见，评级机构需基于资产情况和债项主体信息给出对资产包的评级，会计师事务所需出具财务方面的专业意见等，基于可信的区块链资产，并对资产数据与债项主体数据进行一定程度的共享，有助于促进相关方的审计流程。

（4）资产发行销售

基于区块链可信数据池的证券化资产信息，资产的相关数据信息公开透明化，有助于提升销售环节中对投资者的吸引力，提升投资者的认购率水平。

3.基于实物资产数字化的存货融资模式

XX股份基于XX区块平台和可信仓库，重塑了仓单融资和动态存货质押融资的业务模式。

（1）仓单融资模式

在此模式中，仓单所代表的实物商品都记录在区块链上，成为方便交易和流转的数字资产。具体业务模式流程为：下游客户与核心企业签订合同并付款，可信仓库收到核心企业发出的货物后生成数字化仓单凭证，下游客户凭借数字仓单对接金融机构并将其质押，金融机构响应其融资需求并发放贷款，待下游客户还款后解除质押并将货物通过可信仓库发放给下游企业。

业务模式价值：可信仓库监控仓单所对应的货物，XX区块平台将仓单录入区块链，以确保信息安全、透明且不可篡改，使线上的数字资产穿透到了最底层的物理资产，实现网络世界与物理世界的有效对应。在此基础上，业务运行过程中数字仓单与货物绑定，仓单持有者可以通过其实现底层实物资产的实时追溯。区块链基于时间戳的不可篡改性解决了市场中“一单多押”的问题，为金融机构提供了有效的贷后风险管理。

（2）动态库存融资模式

在此模式中，可信仓库存储核心企业发出的货物，核心企业将存货质押给金融机构，金融机构审核放款，可有效提升核心企业的存货周转率。随后核心企业下游客户与其签订合同并支付货款，核心企业收款后在存货质押凭证到期日之前偿还金融机构贷款，款项到账后金融机构解除可信仓库中质押的货物并发货给下游客户。

业务模式价值：金融机构参与供应链上的仓库监管过程，实时在线监控可信仓库中质押存货的流动，提升核心企业存货周转率，规避借贷风险。客户可以在基于XX区块和可信仓库的动态库存融资模式中实现以货易货，且无须通过独立的第三方物流企业为货主和金融机构提供物流仓储服务。建立在可信仓库上的质押物监控机制对货物进行实时追踪与管控，可以通过系统远程发起盘库，将货物的状态信息实时上链，保证货物的安全性，同时也为金融机构提供了优质资产识别与资金投放过程管控工具。智能合约在系统中扮演着独立的第三方公信机构，货权转移与货款支付全程自动化，针对传统供应链金融中物流信息覆盖程度低、质押仓监管不够等问题提出了切实可行的解决方案。

（二）“区块链＋供应链金融”经营模式的经营效果分析

影响企业经营效果的因素通常包括企业外部经营环境和企业内在素质两方面。其中，外部经营环境包括产业发展趋势等经济环境、国家政策等政治环境及社会环境；企业内在素质包括企业规模、产品及价格、研发成本投入、广告宣传支出、技术创新能力、竞争战略选择等。从披露的年报来看，区块链投入使用期间，XX股份公司主营业务所处行业发展趋势平稳，国家相继出台了鼓励区块链应用于传统产业的政策，社会环境稳定。因此，除了政策上促进区块链技术的应用外，外部环境没有其他大影响经营效果的因素。在企业内部素质方面，XX股份公司业务规模从2016年以后实现了跨越式增长，成本逐年降低，销售费用大幅下降，公司产品和服务价格基本稳定，研发支出逐年增多，特别是2018年的研发支出年增长率高达157.58%，且研发支出主要用于区块链技术开发及“区块链＋”业务模式和产品创新。

因此，可以说公司供应链金融业务规模的大幅增长及成本的逐年下降都主要得益于公司对区块链技术落地应用的选择。基于此，现对“区块链＋”经营模式的创新效果进行具体分析评价。

1.经营效果的纵向比较分析

XX股份在区块链应用前后实现了业务模式多元化，业务收入提升，同时还新增了盈利点。区块链应用前，企业的主营业务为供应链管理、商业保理。传统供应链管理业务的模式仅是在线下提供物流和资源流，此背景下保理业务的融资来源单一，没有足够的资金保障，经营范围也仅限于大宗商品服务领域。区块链技术使用的初期，技术与传统业务初步融合，促进了链上各参与方物流、资源流的加速流转。随着XX区块的正式商用，供应链管理与商业保理业务全面线上化，公司新增信息技术服务业务，也即XX股份基于XX区块平台提供的基于区块链技术的供应链金融服务，顺势推出了可信数据池产品，整合了供应链管理与保理（供应链金融）业务运作过程中交易各方中的物流、商流、信息流、资金流，实现交易全程可溯源；继而开发了供应链金融资产证券化动态资产管理产品，使其贯穿资产证券化发行全周期，业务范围从供应链管理、商业保理扩展到了应收账款保理资产证券化，覆盖了供应链从贸易形成、融资到资产证券化的全过程，经营范围也逐步拓展到化工、制造、医药、物流、航空、通信、地产、农业等多个领域。

公司开始使用区块链技术后，公司原有的供应链管理和保理业务实现了跨越式的增长：供应链管理收入从上一年的48.14亿元增加153.79亿元，毛利率增加了4倍；保理业务收入从上一年的1.35亿元增加到4.75亿元，收入逐年升高的同时，其毛利率也呈现出逐年上升的趋势。主要在于：新增的信息技术服务，也即公司基于区块链技术提供的供应链金融服务，改变了公司原有业务的规模和经营范围，促进了传统业务的转型升级，实现了业务规模和效率的跨越式增长，提升了公司的市场竞争能力。

区块链技术的应用不仅实现了传统业务的跨越式增长，区块链本身也给公司创造了可观的收入。XX区块上线以来，XX股份通过提供XX区块平台或区块链技术服务所产生的创收比较可观，且其成本率极低，自上线以来年均毛利率为95%以上。可见，该创新业务的市场竞争力相当强，盈利空间非常大。虽然信息技术服务业务为XX股份创造的营收体量远不及保理业务和供应链管理的营收，但信息技术服务却是公司三个主营业务中毛利率最高的业务。

2.供应链整体运营效果分析

XX股份充分运用区块链技术构建的供应链金融平台，对底层资产、贸易背景进行了完整刻画，运用区块链技术实现了资金端到资产端的有效匹配，使交易行为在供应链金融中真实可见、可追溯，不可篡改，交易数据的真实程度在最底层得以体现，进而保障了供应链金融业务的创新发展。

从金融机构角度来看，XX股份解决了贸易的真实性问题，贸易信息直接来源于XX公司的信息系统，公司应用区块链技术将交易数据写入可信数据池，确保了贸易交易信息的原始性、真实性；XX股份控制了交易风险，公司为防止虚假交易，保护企业数据隐私，对数据实行授权访问，贸易数据可控、可共享并可进行交叉认证。为避免资金被挪用，对资金实行封闭管理、链上封闭运行，保证了资金的安全；运用区块链技术解决了信贷资金闭环问题，链上的智能合约技术促使交易自动化并强制执行，贸易回款自动划转到金融机构账户上，保障了金融机构回款的及时性，同时降低了风控成本。XX股份运用供应链金融平台服务中小企业，通过金融机构更加便捷地为中小企业开展融资业务，提升金融机构的收益，使其获得了更多的中小企业客户。

从中小融资企业的角度来看，XX股份运用区块链技术打造了多级供应链体系，打破了传统供应链金融仅服务一层贸易关系的问题，有效解决了核心企业的信用难以向深层次供应链传递的难题；XX股份运用区块链技术，解决了企业资产在多级供应链体系内的溯源问题，由于债权凭证在区块链技术下不可篡改、可追溯，使得企业确权资产被分拆交易或在多级供应链体系内的交易运行都能够回溯源头；XX股份运用区块链技术为企业增信，区块链从技术层面解决企业之间，企业与平台之间的互信问题，区块链技术为平台增信是由于它具有去中心化、防篡改、安全可靠的特性；XX股份运用供应链金融为中小企业服务，在多级供应链体系内能够溯源、企业信用等级高、资本运行安全可靠的情况下，各级供应商享受XX股份提供的低成本金融服务，从而解决了企业融资难的问题，降低了融资成本，实现企业价值的高效传递。

从核心企业的角度来看，核心企业是整个贸易信用的基础。XX供应链金融平台通过整合优化供应链上的资源，提升了企业贸易信用供应链管理能力；其他核心企业采用应收账款延后支付，虽然暂时减轻企业自身的现金流和资产负债表压力，但资金周转压力则转移到了相对弱势的供应商身上，而XX供应链金融平台通过盘活供应链成员流动资产，提升了供应链内部资金的使用效率，从而降低债务水平、减轻了资金压力；XX供应链金融平台高效使用企业在银行的闲置授信，将企业信用资源转换为可用的资金资源；提供供应链金融综合平台，为企业自身及外部有供应链金融业务需求的企业服务。供应商也可通过企业转让和拆分数字债权获得融资，也不再对核心企业债期的长短产生恐惧，从而提升供应链内部资金效率。

三、“区块链＋供应链金融”经营模式的优势与不足

（一）经营模式的优势

通过对XX股份“区块链＋供应链金融”创新模式的解析及对其经营效果的分析，可以明显地看出其优越性。下面再将其与传统供应链金融模式进行对比，总结其优势。

1.流程优化、成本优化

区块链支撑下的多级供应商融资体系具有实时性、安全性、高效性、便捷性，流程自动化程度高。在确保安全的前提下，全部商流、物流、信息流、资金流、融资等交易信息及手续的办理，都是在区块链平台上以电子化的形式显示并自动完成的，如智能合约的应用减轻了银行的人工审核，保证实时触发，自动还款。减少人为参与，简化了流程。

首先，金融机构与第三方物流在传统供应链金融业务中存在委托-代理成本，但是在易见供应链金融平台上进行的交易，这种委托-代理成本不再存在。其次，商业银行和第三方物流在传统供应链金融业务中，要付出对中小企业的监管成本，而在XX股份供应链金融中，只需通过可信仓库就能实现对货物的实时监控，避免资金风险并节约了资金成本。最后，在XX区块平台上降低了供应链金融业务信息成本，依托核心企业信用，在上下游企业间广泛传递，降低了供应链上企业及全产业链的融资成本、生产成本，供应链金融流程得到充分

的优化，从而提高整个供应链体系的工作效率，使企业在供应链层级中更加具有竞争优势。

2.信息一体化、可视化

XX股份基于区块链技术对数据进行依法管理，保证数据入池后可溯源、难以篡改、真实可信。XX股份为供应链各方和资金方提供真实的贸易数据，以技术为数据增信，保证贸易数据存证、贸易背景展现真实可靠。对存储于XX可信数据池的贸易信息，实现授权访问、可控共享，XX区块上各参与主体，都享有查阅链条上储存信息的权利，打破了数据信息的限制，实现真实意义上的数据及信息一体化、可视化。

同时，严格保护企业数据隐私，不泄露客户信息及隐私，保证数据权属明晰，防止数据被滥用。在分享供应链提供的必要信息前提下，企业数据不离开企业控制边界，保留企业核心机密，从而促进企业间公平竞争，共同发展。

3.操作及信用风险控制优化

XX平台中的智能合约发挥了操作工具的作用，为供应链金融业务执行提供自动化服务。保障货物、货权、资金、债权等资产，在满足供应链金融条件时，实现自动性和强制性的转移，同时敦促合约内的其他责任与义务的自动执行，解决人工操作中的阻碍和风险，减少了人工操作，降低了信息成本、提高了工作效率，优化了操作程序，控制了信用风险。

XX股份在已有的经营模式下，将供应链金融业务建立在XX区块平台上，通过平台掌握供应链上下游之间的贸易信息。企业债权在流转过程中在整个链条上都有完整的记载，其交易信息具有不可篡改、可溯源的技术特性，实时触发实时自动执行合约。智能合约在核心企业付款后，在多个供应商之间可自动快速地完成资金结算、清算，有效保障还款来源，且丝毫不受人为影响。这样，既满足了多级供应商融资及信用的需求，又满足了银行回款及路径的需求，同时又有效控制了风险。

（二）经营模式存在的不足及建议

首先，技术层面存在两方面的不足。一是隐私保护和数据共享的矛盾。XX区块平台项目的运行常常会涉及交易信息、信用信息等敏感商业信息，在数据隐私保护层面对授信平台有着极高的要求，数据存储方面必须拥有较强的防截获、防破解能力。在XX股份构建的“N＋N＋N”平台中，每个参与者都能够得到完整的数据备份，所有交易数据都是公开透明的。对于商业机构而言，账户和交易信息是重要的资产和商业机密，所以应当权衡隐私保护和数据共享之间的关系。二是数据增长和运行效率之间的矛盾。数据存储容量方面，存储至区块的数据只能增添不能删除，因此随着新用户的加入，XX区块平台的数据只会增加不会减少，并且随着时间的推移，区块链对数据存储大小的需求也只能持续增大，平台运行效率可能下降。

其次，XX区块的推广受时间和成本限制。加入XX区块系统要求供应链金融参与方，特别是供销商以及核心企业投入成本对自身业务系统实施改造，入驻的企业对平台技术的应用可能需要适应期，XX区块在短期内能够开发的市场相对有限。再者，XX区块平台的业务模式以应收账款融资为主，存货融资类业务后来才落地，尚未涉足预付账款融资方面，一定程度上限制了XX股份区块链供应链金融模式的发展。

最后，区块链应用相关法律法规尚不完善。XX股份“区块链＋”在解决中小微企业融资难方面的前景较好，但其所涉及的场景较为复杂，参与方众多，从而致使各参与方不能明晰自身的权利义务。加之行业内尚未统一区块链应用的标准，供应链金融相关法律法规也不健全，尤其是涉及供应链金融参与方权利和义务方面的法律法规。同时行业标准规范以及法律法规的缺乏也将导致操作风险、流动性风险的出现。

XX股份“区块链＋供应链金融”经营模式的创新是响应国家政策、创新技术发展、实现企业的经营利益的必然趋势，在行业内已经取得了良好的成绩。XX股份“区块链＋”经营模式发展前景可观，能为我国供应链金融行业的创新发展提供借鉴意义。

第一，要重视区块链等金融科技的运用，区块链技术的最大意义在于信用创造，而供应链金融的本质是信用融资，两者天然契合。XX股份区块链供应链金融平台的搭建、业务模式的创新、流程的优化都离不开区块链。第二，要重视区块链供应链金融平台的功能设计与搭建，一个平台是否具有优势直接影响到其是否能留住客户。XX股份构建了以“可信数据池”和“可信仓库”为主要产品的供应链金融科技服务体系，让场景数据可信任、可追溯。在此基础上搭建的XX 区块平台，打通了供应链金融服务的全渠道，为客户提供了更为便捷的金融服务。第三，要利用区块链技术不断丰富供应链金融业务模式。XX股份在XX区块平台上拓展了供应链金融ABS模式，可信仓库投入使用后具备了区块链电子仓单和质押融资功能。第四，要以客户需求为核心，针对不同客户的需求提供专业化的服务及供应链金融解决方案。XX股份为客户提供了三种平台服务模式，均涵盖了线上保理、应付凭证多级流转、供应链贸易、供应链动产融资、资产证券化、ERP数据上链等解决方案，提升了客户满意度。第五，要重视对“区块链＋”经营模式转型的支持力度，保证一定程度的资金投入，尤其是对区块链技术等金融科技创新的投入。第六，重视贸易、金融、科技领域专业人才的培养，留住有创新能力、风险意识的综合性人才以支撑企业经营模式的转型。第七，利用区块链技术建立完善风险防控机制和监管机制，给供应链金融业务发展提供保障。

值得指出的是，目前仍处于传统供应链金融经营模式的企业可以借鉴XX股份转型的模式。一方面，若企业自身具有强大的技术实力和资金优势，则可以直接借鉴XX股份经营模式转型的经验，研发自建区块链供应链金融平台实现企业传统业务的转型升级；另一方面，若没有XX股份一样强大的技术支撑和雄厚的资金实力，可以通过购买其他公司的区块链技术服务，以支付服务费的方式，直接将自身的供应链金融业务内嵌在如XX 区块这样的区块链平台上，以实现业务模式的创新升级。

第四节　中企云链“互联网＋供应链金融”运作模式分析

中企云链平台供应链金融模式与传统的“N＋1＋N”（即“1家银行＋N个核心企业＋N个链上企业”）供应链金融模式不同，中企云链创新出“N＋N＋N”供应链金融模式（即“N家银行＋N家核心企业＋N家上下游企业”），此种线上供应链金融模式将更多的资金方纳入核心企业当中，极大程度地缓解了线下供应链金融资金短缺问题。虽然两种模式都是以供应链企业之间的真实贸易为出发点开展物流、供应链管理，提供商务服务和金融服务，建立产业链商务服务生态系统，但“N＋N＋N”模式辐射范围更广，让众多的核心企业或银行能够加入供应链金融体系当中，能够为更多的中小微企业提供融资服务。“N＋N＋N”这种新型的共享型供应链金融模式，突破了供应链金融仅仅依靠金融机构开展的单一模式，使得供应链上的大型企业真正成为核心企业，让金融机构能够提供更全面的服务，有利于提高产业链企业参与供应链金融的积极性。

一、中企云链互联网供应链金融模式情况介绍

（一）平台简介

中企云链供应链金融服务平台是由多家大型央企在2015主导搭建的专门为中小企业提供融资支持服务的大型平台，经过多次增资入股，形成了拥有多个央企股东、银行股东、地方龙头企业股东和民营上市公司股东的股东架构。股东中有多家企业名列世界500强，股东的强大资金实力与国企背景实力为平

台未来业务发展及资源整合奠定了坚实的基础，吸引了更多的金融机构和机构投资者参与到平台之中。在平台“双创”带动下，产业链企业扩大了产业格局，提升了对抗风险的能力。

2015年中下旬，中企云链供应链金融平台正式上线，经过2个月的试运行，截止到2015年11月30日，超过1000家企业在平台上完成注册，企业在平台上申请的云信超过7亿元。经过大约3年的发展，到2018年8月底，中企云链平台上的客户量实现了14倍的增长速读，客户达到14614家，企业开立的云信突破了60倍增长，达到415亿元，平台为企业提供保理融资208亿元，累计交易突破千亿，达到1166亿元，其中低于50万元的单笔小额融资超过半数，占融资总额的70%，切实做到了为小微型企业提供金融服务。平台业务范围辐射面广，全国大多数大型国企、央企和政府平台参与其中，囊括了全国30多个省市600余名专家级供应链营销人员，与多家金融机构、保理公司、证券公司建立了供应链金融业务合作关系，截至2020年4月29日，平台客户数量增长了50余倍，注册企业达55 402家，实现云信确权达到1452亿元，完成保理融资814亿元。

（二）中企云链供应链金融运作模式介绍

1.中企云链核心业务运作模式

（1）云信模式

云信服务模式分为两种，一种是反向保理融资模式，另一种是保理资产证券化模式。

①反向保理融资模式。在云链平台上，核心企业可以将云信传递给中小企业，中小企业基于云信可提交反向保理融资申请，商业银行等金融机构收到中小企业转让的云信后可为其提供流动资金贷款。云信的实质是互联网供应链金融中的应收债权，云信持有人即为债权人。云链平台运用区块链、物联网、区块链等互联网技术将开立的每一笔云信的付款人、收款人、金额等记录下来，可以实现贸易透明化，提升云信的可追踪性。云信的各方持有人均可根据业务

需要，对其金额进行拆分转让，云信流转不设置最高转让次数，可以无限次流转，云信申请通过后，资金可以实时到账，能够帮助中小企业真正实现便捷、高效融资。

②保理资产证券化融资模式。云信可作为基础资产发行资产证券化，证券化金融产品流动性强，简化了业务流程，缩短了企业的等待时间，提升了企业的融资效率。资产证券化具有诸多优点，可以在证券化资产和原始权益人之间建立隔离带，实现对资产原始权益人风险隔离，打破多重投资限制，为资本市场运作注入新鲜血液。从2014年开始我国资产证券化发展迅猛，2014年资产证券化规模增长率超过1000%，伴随着不断完善的市场制度、不断简化的发行程序和不断增强的风控体系，未来我国证券化市场将有广阔的发展空间。

（2）云证模式

云证模式是一级供应商基于核心企业与二级供应商之间建立的债权关系。依据一级供应商与二级供应商之间的业务往来所形成的应收账款来设立信托计划，信托公司在相关系统中对应收账款确权，信托资产具有破产隔离的优点，能够保障资金的安全性。一级供应商可以对自己持有的信托受益权按照任意金额进行拆分支付，二级供应商也可以对自己的信托权益按照任意比例拆分转让给后续的N级供应商，相关系统自动完成信托受益权份额登记。任何供应商可凭借持有的信托凭证，分享核心企业信用，并提交融资申请，突破了中小企业因自身资信不够而受到融资限制的难题，提升了中小企业的融资效率。

2.中企云链核心业务流程

（1）云信流程

云信业务模式的流程为：核心企业先从金融机构等资金端获得授信，核心企业再对旗下子公司规模、经营状况开展尽职调查，把平台上的“云信”总额合理分配给各方，其中“云信”总额与其在金融机构取得的授信总额相等。不同机构的授信额度确定方式不同，银行、财务公司等金融机构根据云信业务专项授信金额来确定授信金额，核心企业和其他各方资金端根据企业过去半年至一年银行授信余额的10%～30%来确定。

（2）云证流程

目前，仅仅只有核心企业一级供应商能够充分运用核心企业的信托凭证，信证业务模式采用特有的相关系统创造出供应链金融新模式，能够让产业链上的所有供应商均能将核心企业的信托凭证运用起来，实现产业链贸易和融资的闭环。

3.中企云链底层业务层次

（1）债权设立

债权设立流程：首先一级供应商根据与核心企业交易合同所形成的应收账款债权在系统上进行确权登记，待核心企业审核通过后生成信托受益权，（若有多个供应商在系统上进行了多笔应收账款登记，核心企业可以分别确认），最后把形成的信托凭证总额与信托计划进行核对。

（2）债权拆分

债权拆分流程为：①一级供应商在持有信托凭证后对信托凭证进行拆分、转让，以信托受益权向二级供应商支付；②二级供应商根据与后续的供应商业务来往所形成的应收账款债权在系统上进行确权登记；③二级供应商获得一级供应商转让的信托权益后，二级供应商获得新的信托凭证，各级供应商可通过在系统中登记确认信托权益，并可通过拆分信托凭证向其上游供应商逐级释放、传递核心企业信用。

（3）债权融资

债权融资流程为：①二级供应商将其持有的信托凭证质押给银行等金融机构进行融资；②银行等金融机构再根据对核心企业的授信，在系统中确认信托受益权；③待系统审核通过后，供应商和资金方共同在信证系统中完成转让登记或质押登记后即可取得贷款资金。

（三）中企云链供应链金融运作模式与其他平台比较

目前我国互联网供应链金融运营较好的平台有平安银行橙e网、欧冶云商、怡亚通等。平安银行从2009年开始探索供应链金融，至今已建立完善的供应链金融线上服务体系，通过与第三方数据或核心企业合作开发客户资源，提供零售分销供应链金融业务。欧冶云商平台是专门为钢铁产业链提供服务的供应链金融平台，2019年实现2.33亿吨GMV交易量，是行业中的领军企业。怡亚通是中国供应链服务第一家上市企业，供应链金融业务较广，涵盖快消、医疗等行业。中企云链与这三类供应链金融平台在供应链金融业务模式、服务范围、资产端、资金端、基础产品和竞争力方面有所异同。

（四）中企云链供应链平台搭建的意义

搭建中企云链供应链金融服务平台是供应链金融行业创新的必然结果，是对国家支持中小企业发展等相关政策的积极响应。目前，我国已经初步建立了以核心企业的信用“互联网＋供应链”金融体系。对央企而言，打造创新型供应链金融业务平台有助于帮助央企改善供应链生态，实现国企、央企走向市场化经济。搭建互联网供应链金融平台，对创新供应链金融模式、提升产业链竞争力具有战略意义，可归纳为以下几个方面。

1.开创“N＋N＋N”融资模式，助力中小企业发展

中企云链“N＋N＋N”供应链融资模式，将更多的商业银行、机构投资者等资金端纳入供应链金融体系，让所有入驻企业能够共享更多的资金资源。此外，创新性地把供应链金融和信托结合起来，运用信托结构开展金融服务，整合信托凭证合规性和可转让性优势，在保障资金安全的前提下将核心企业信用向各级供应商传导。信托凭证持有人通过对信托受益权的拆分转让，使得产业链上的中小企业能够通过质押或转让信托受益权进行融资，真正实现了核心企业的信用向整条产业链辐射，改变了传统供应链金融中长尾端供应商融资困难

的局面，降低了整条产业链的财务成本，提高了产业链竞争力。

2.有利于提高金融安全性，降低投资风险

中企云链供应链金融平台业务运行除基本的供应链系统之外，还有一套专有的系统对业务鉴权、签约、开立账户、打款等进行管理，把传统的供应链金融模式与信托计划结合，促进了资产的破产隔离，有力地保障了资金安全性，降低了小微型企业融资难度。此外，信托凭证的“易拆分、易操作、易融资、低风险、低成本”等优势，集中了银票和商票的优点，降低了中小企开立和转让票证的成本，提高了央企产业链的融资效率，降低了资金端投资风险。

3.有利于延伸产业价值

搭建中企云链新型供应链金融平台，帮助央企建立专属的产业链生态圈，能够良好对接各个央企及其集团的业务需求，提供点对点金融服务，提高产业链运作效率。平台化的管理模式，为中小企业打通了多元化的资金渠道，提升了闲置银行授信的利用率，既扩大了核心企业的业务面，又为中小微资金匮乏企业提供了融资支持、帮助产业链实现了“产融结合”的发展目标。中企云链集“产业＋互联网＋金融＋科技”于一体，先进的互联网技术为小额高频的贷款提供了技术保障，为央企提升产业价值奠定了基础。

二、中企云链互联网供应链金融模式分析

（一）中企云链核心业务分析

1.云信具体应用分析

中企云链平台上流转的主要的企业信用叫云信，本部分内容主要是对中企云链云信业务的分析。云信是大型企业的信用在中企云链平台的转化形式，具有可流转、可融资、可灵活配置的特点。根据相关协议，云信是开立方享有的债权，每份债权面值对应一元人民币的应收账款金额，因此，在法律上云信是

持有人享有的应收账款债权。

云信可流转、易拆分，可以灵活解决金额错配问题，云信流转过程中上一级流转金额＝下一级融资＋持有＋流转。以中国ZZ电力所开立的编号YX20160106-0000001云信为例，该笔云信单笔拆分245次，经过多级流转，有100多家供应链企业参与其中，在第二级流转过程中为中小企业取得3079万的融资额，融资比例高达51%，真正满足了长尾端供应商高效、低成本的贷款需求。

云信流转过程操作简便，不用提供抵质押担保，入驻企业在平台上使用云信即可完成交接工作。以中国BJ机车所开立的编号YX20180608-0000006云信为例，该笔云信流转过程穿透10级供应商，让300多家供应链企业参与其中，缓解了产业链长尾端中小企业资金不足问题。

2.云信与其他产品对比分析

云信相比于其他产品而言，具有“安全、高效、实时”的优势，但云信具有时效性，只有在云信期限内中小企业才可以在中企云链平台上对其进行拆分转让或进行质押融资。在真实的贸易背景下，云信实质上是核心企业信用的转化，中小企业可以直接利用云信通过线上操作的方式进行融资，无须进行抵押登记，操作简便，可实现资金实时到账，为中小企业打通了便捷高效、低成本的融资渠道。

云信是基于合同法创新出的具有可拆分性的企业信用，是债权人基于合同关系享有的债权凭证，因此债权人可以将云信全部或部分转让给第三人。此外，云信是现金、银票、商票等结算方式的一种衍生形式，是一种集安全可靠、支付免费、流转灵活、易于追踪等优点于一体的企业信用，即云信＝银票（可靠）＋商票（支付免费）＋现金（灵活）＋易于追踪。

假设某一企业应付账款金额为10亿元，融资需求为4亿元，在等额本金条件下银票融资成本为0.3亿元，商票融资成本为0.32亿元，而云信融资成本仅为0.174亿元，由此可见中企云链云信产品可以实现中小企业整体融资成本最低化，为中小企业提供真正的普惠金融服务。

（二）中企云链业务模式运用效果分析：以中TJ保理公司为例

经实践证明中企云链供应链金融模式能够给企业节约财务成本，因此中TJ保理公司与中企云链展开合作。中企云链采用云信模式帮助中TJ保理公司构建TJ银信平台，最终取得较好的企业效益。截至2018年6月末，TJ银信平台累计注册用户17741户，其中，外部供应商15890户，内部法人337户，内部项目部1514户。累计开具银信8679笔，金额116.23亿元。累计未到期银信7091笔，金额91.11亿元。平台累计转让银信2587笔，金额32.40亿元，累计融资6270笔，金额为77.99亿元。

2017年中TJ保理公司成立。2017年末，中TJ保理经审计资产总计为93643.26万元，所有者权益为52133.74万元，营业收入为4520.80万元，净利润为2133.74万元。截至2018年9月末，中TJ保理资产总计492410.51万元，所有者权益为108517.04万元，营业收入为35342.82万元，净利润为6383.30万元。总体趋势看来，中TJ保理公司未来资产规模及所有者权益均有大幅增长，营业收入持续增加。

1.中TJ保理公司资产情况分析

2017年末，中TJ保理公司资产总额为93643.26万元，以流动资产为主。流动资产以应收账款为主，应收账款为79961.14万元，占总资产的85.39%。至2018年9月末，发起机构资产总额为492410.51万元，仍以流动资产为主。流动资产中主要为应收账款，应收账款为468969.55万元，较年初增加389008.41万元，表明其保理业务正快速发展。

2.中TJ保理公司盈利状况分析

截至2017年末，中TJ保理公司营业收入已实现4520.8万元，净利润2133.74万元，净利润率为47.20%，主要来自于中TJ保理提供的商业保理服务的利息及服务费用。2018年1月至9月，公司保理业务全面展开，营业收入实现35342.82万元，较上年增长681.78%，净利润6383.30万元，较上年增长199.16%。

3.中TJ保理公司融资情况分析

云信信誉较高，目前已有不少公司将云信作为基础资产发行资产证券化，大大提升了应收账款等闲置资产的流动性，帮助企业在资本市场上取得融资。中TJ保理公司以云信作为基础资产，2017年和2018年先后取得19.89亿元、15亿元融资。

（三）中企云链业务模式经验推广

1.“N＋N＋N”模式的先进性

“N＋N＋N”供应链金融模式把更多的金融机构、机构投资者纳入供应链金融体系，能够为超长尾端供应商提供高效、便捷的融资服务，提升了应收账款以及闲置银行信用贷的利用率。

2.互联网技术推动供应链金融发展

互联网供应链金融平台将互联网技术与供应链金融相结合，能够对海量交易数据进行高速处理，实时搜集交易信息，减少线下审核程序，为小额高频的贷款找到了方向，是未来供应链行业的发展趋势。

3.新型供应链产品服务优势

中企云链创设的云信流转性强，可拆分、可及时到账，有效地解决了资金错配的问题，高效、便捷地为中小企业提供资金支持。云信是中企云链对企业信用进行创新的产品，为未来创新企业信用标准化产品提供了新思路。

参 考 文 献

[1] 高洁，史燕平. 国际结算[M]. 北京：中国人民大学出版社，2012.

[2] 黄建明. 广东省物流业发展报告2011—2012[M]. 广州：暨南大学出版社，2012.

[3] 孔剑平. 产业区块链[M]. 北京：机械工业出版社，2020.

[4] 李金龙. 供应链金融理论与实务[M]. 北京：人民交通出版社，2011.

[5] 强添纲，孙凤英. 汽车金融[M]. 北京：人民交通出版社，2018.

[6] 深圳发展银行，中欧国际工商学院"供应链金融"课题组. 供应链金融：新经济下的新金融[M]. 上海：上海远东出版社，2009.

[7] 宋炳方. 供应链融资[M]. 北京：经济管理出版社，2014.

[8] 宋炳方. 商业银行供应链融资业务[M]. 北京：经济管理出版社，2008.

[9] 宋华. 互联网供应链金融[M]. 北京：中国人民大学出版社，2017.

[10] 张洪铭. 农业供应链金融创新研究[M]. 北京：中国金融出版社，2017.

[11] 张洪铭. 重庆金融研究报告[M]. 重庆：西南师范大学出版社，2017.

[12] 赵娴. 流通经济研究动态（第四辑）：供应链金融专题[M]. 北京：经济科学出版社，2015.

[13] 郑殿峰，齐宏. 产业供应链金融[M]. 北京：中国商业出版社，2020.

[14] 周启清. 供应链金融理论与操作技术[M]. 北京：中国商务出版社，2017.